1000
PALABRAS · ANIMALES
WORDS · ANIMALS

Jules Pottle

DK | Penguin Random House

Escrito por Jules Pottle
Edición del proyecto Robin Moul
Edición de arte del proyecto Vic Palastanga
Diseño Nidhi Mehra, Sadie Thomas, Nehal Verma
Asistencia de diseño Sif Nørskov
Diseño de maquetación Dheeraj Singh, Syed Md Farhan
Documentación iconográfica Niharika Chauhan, Vagisha Pushp, Sakshi Saluja
Coordinación de cubierta Issy Walsh
Edición de producción sénior Nikoleta Parasaki
Control de producción sénior Ena Matagic
Edición ejecutiva Penny Smith
Edición ejecutiva de arte sénior Romi Chakraborty
Subdirección de arte Mabel Chan
Dirección editorial Sarah Larte

Edición bilingüe:
Servicios editoriales Tinta Simpàtica
Traducción Anna Nualart
Coordinación de proyecto Marina Alcione
Dirección editorial Elsa Vicente

Publicado originalmente en Gran Bretaña en 2023
por Dorling Kindersley Limited
DK, One Embassy Gardens, 8 Viaduct Gardens,
London, SW11 7BW
Parte de Penguin Random House

El representante autorizado en el EEE es
Dorling Kindersley Verlag GmbH. Arnulfstr. 124,
80636 Múnich, Alemania

Título original: *1000 Animal Words*
Primera edición bilingüe: 2024
Copyright © 2023 Dorling Kindersley Limited
© Traducción española: 2024 Dorling Kindersley Limited

ISBN: 978-0-2417-0273-4

Impreso y encuadernado en China

www.dkespañol.com

MIXTO
Papel | Apoyando la
silvicultura responsable
FSC™ C018179

Este libro se ha impreso con papel
certificado por el Forest Stewardship
Council™ como parte del compromiso
de DK por un futuro sostenible.
Más información: **www.dk.com/uk/
information/sustainability**

1000

PALABRAS · ANIMALES
WORDS · ANIMALS

Jules Pottle

DK

A note for parents and carers
Nota para padres y cuidadores

What is an animal? If you ask a child, they are likely to name a pet or a farm animal. Many of them will be fluffy, or colourful, or have big eyes, like us. They are familiar. However, these are not the only animals that are important.

Some of the animals children encounter in their everyday lives may be considered pests, such as arachnids and insects. Others may be too small or too dull in colour to catch a child's attention. But these seemingly insignificant, everyday animals are just as important to the balance of their ecosystem as the larger, more conspicuous species such as bears, elephants, or kangaroos.

It is fascinating to see how diverse the animal kingdom can be: from the brightly coloured birds of the rainforest to the perfect camouflage of a stick insect. Every species plays a part in the delicate balance of our planet, so we need to appreciate the value of each and every one. And appreciation begins with knowledge and understanding.

Now, more than ever, we need to develop a respect for all animals and learn how to protect them. This book celebrates all things zoological and aims to nurture a curiosity and love for these animals in all the young people who read it. Explore the pages of this book together and let it spark discussions about the world around us and how we can take care of it for generations to come.

Jules Pottle
Primary science consultant, teacher, trainer, and author

¿Qué es un animal? Si lo preguntamos a un niño seguramente nos hablará de alguna mascota o un animal de granja. Muchos de ellos son peludos o coloridos, o tienen unos ojos grandes, como nosotros. Nos resultan familiares. Pero no son los únicos animales importantes.

Algunos de los animales que los niños ven en su vida cotidiana pueden considerarse plagas, como los arácnidos y los insectos. Otros pueden ser muy pequeños o tener un color demasiado apagado para llamar su atención. Pero estos animales cotidianos, insignificantes a primera vista, son tan importantes para sus ecosistemas como los más grandes y llamativos, como los osos, los elefantes o los canguros.

Es fascinante ver lo diverso que puede ser el reino animal: desde los pájaros de vivos colores de la selva tropical hasta el camuflaje perfecto de un insecto palo. Cada especie desempeña un papel en el delicado equilibrio de nuestro planeta, y por ello debemos apreciar el valor de todas y cada una de ellas. Y el aprecio comienza con el conocimiento y la comprensión.

Ahora más que nunca debemos tener respeto por todos los animales y aprender a protegerlos. El objetivo de este libro bilingüe es alimentar la curiosidad y el amor por estos animales en los jóvenes lectores. Explora sus páginas con los niños para aprender juntos vocabulario en inglés y español y para hablar sobre el mundo que nos rodea y sobre cómo podemos cuidarlo para las generaciones venideras.

Jules Pottle
Consultora de introducción a la ciencia, profesora, formadora y autora

Contents
Contenidos

Classifications
Clasificaciones

Animals are classified as vertebrates or invertebrates. Within those two groups there are smaller groups. Here are some of them.

Los animales se clasifican en vertebrados o invertebrados. En cada uno de estos dos grupos hay otros más pequeños. Estos son algunos.

luna moth
mariposa luna

harvest mite
ácaro de la cosecha

peacock spider
araña pavo real

insects
insectos

arachnids
arácnidos

leaf insect
insecto hoja

arthropods
artrópodos

signal crayfish
cangrejo señal

Barrel sponge
esponja barril

European rhinoceros beetle
escarabajo rinoceronte europeo

acorn barnacle
bellota de mar

peanut worm
gusano cacahuete

crustaceans
crustáceos

banana slug
ariolimax

sponges
esponjas

worms
gusanos

Halloween hermit crab
cangrejo ermitaño de Halloween

molluscs
moluscos

coconut octopus
pulpo reticulado

horsehair worm
nematomorfo

Atlantic surf clams
almeja blanca

invertebrates
invertebrados

cockatiel
cacatúa
ninfa

birds
aves

ring-billed gull
gaviota de Delaware

Somali giraffe
jirafa
somalí

greater roadrunner
correcaminos grande

great crested newt
tritón
crestado

golden toad
sapo
dorado

quokka
quokka

amphibians
anfibios

mammals
mamíferos

fire salamander
salamandra
común

grey whale
ballena gris

fish
peces

koi
koi

reptiles
reptiles

hawksbill sea turtle
tortuga carey

leopard gecko
gecko
leopardo

stingray
raya

vertebrates
vertebrados

Invertebrates
Invertebrados

Most animal species are invertebrates with no internal bony skeleton.

La mayoría de las especies animales son invertebrados, sin esqueleto óseo interno.

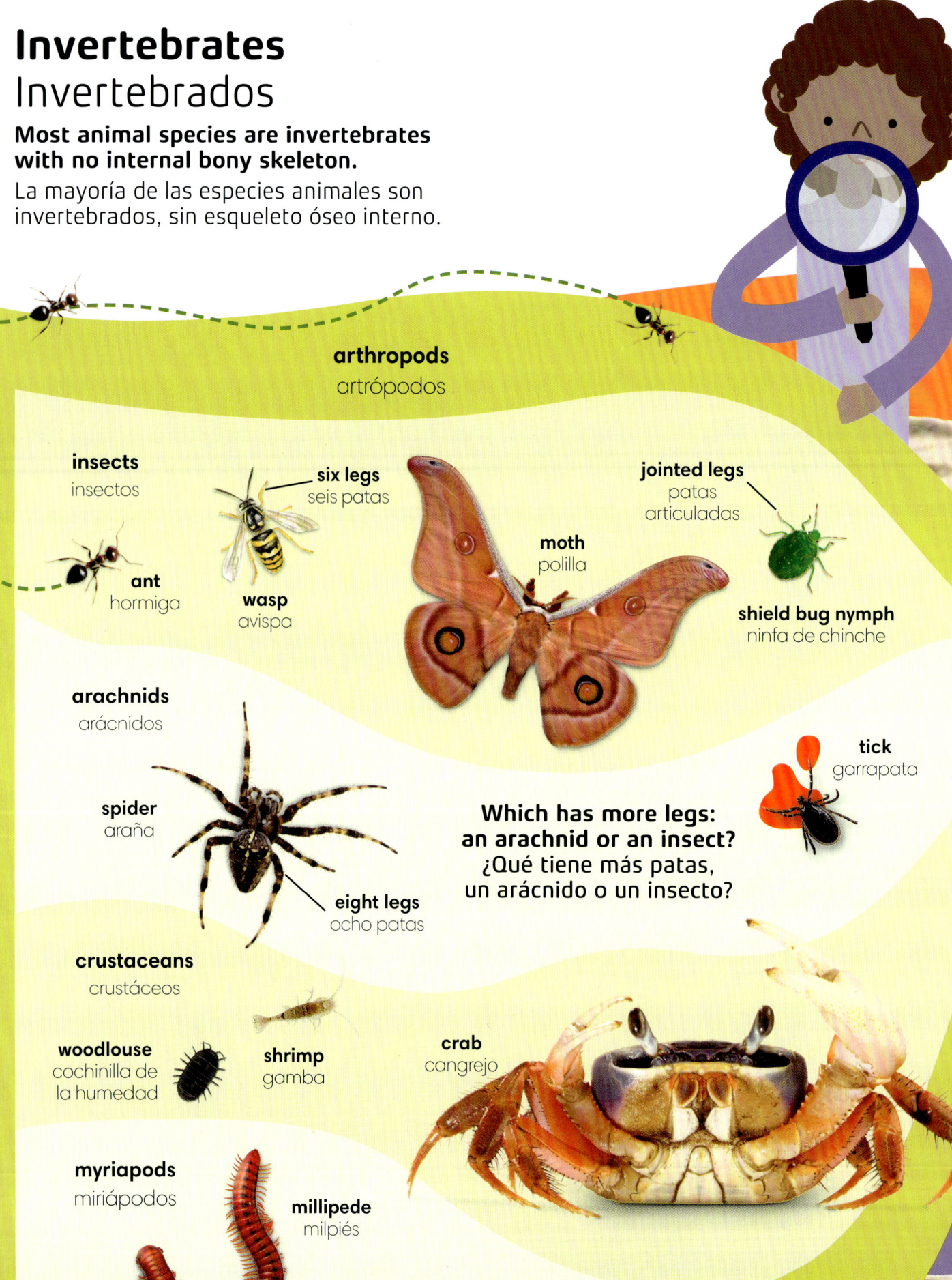

arthropods
artrópodos

insects
insectos

six legs
seis patas

jointed legs
patas articuladas

moth
polilla

ant
hormiga

wasp
avispa

shield bug nymph
ninfa de chinche

arachnids
arácnidos

tick
garrapata

spider
araña

eight legs
ocho patas

**Which has more legs:
an arachnid or an insect?**
¿Qué tiene más patas,
un arácnido o un insecto?

crustaceans
crustáceos

woodlouse
cochinilla de
la humedad

shrimp
gamba

crab
cangrejo

myriapods
miriápodos

millipede
milpiés

All invertebrates share these features.
Todos los invertebrados comparten las mismas características.

no backbone
sin esqueleto óseo

cold-blooded
sangre fría

no spine
sin columna vertebral

lay eggs
ponen huevos

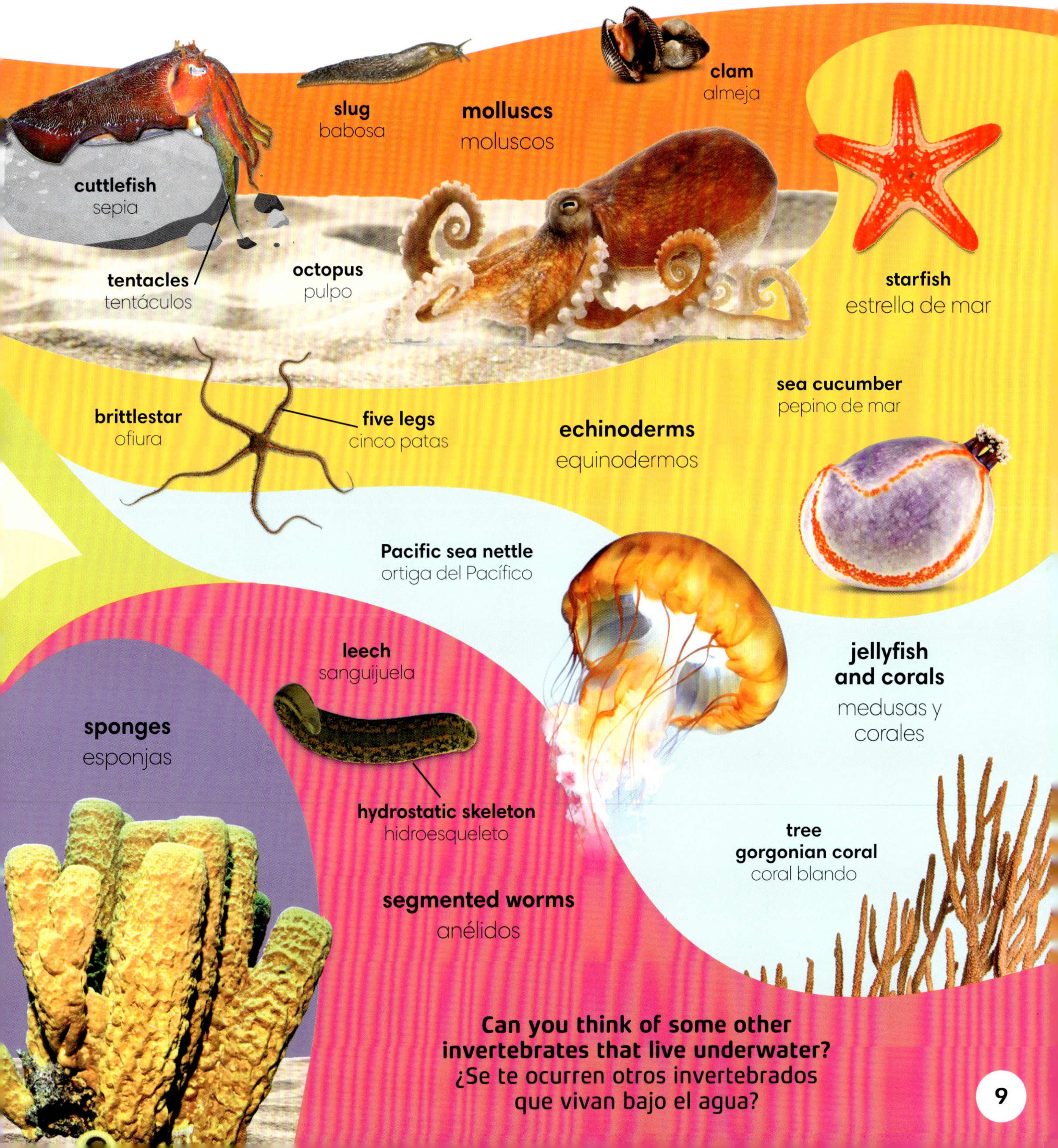

slug
babosa

molluscs
moluscos

clam
almeja

cuttlefish
sepia

tentacles
tentáculos

octopus
pulpo

starfish
estrella de mar

brittlestar
ofiura

five legs
cinco patas

echinoderms
equinodermos

sea cucumber
pepino de mar

Pacific sea nettle
ortiga del Pacífico

leech
sanguijuela

jellyfish and corals
medusas y corales

sponges
esponjas

hydrostatic skeleton
hidroesqueleto

tree gorgonian coral
coral blando

segmented worms
anélidos

Can you think of some other invertebrates that live underwater?
¿Se te ocurren otros invertebrados que vivan bajo el agua?

9

Insects
Insectos

There are more species of insects than any other type of animal on Earth.

En la Tierra hay más especies de insectos que de ningún otro tipo de animal.

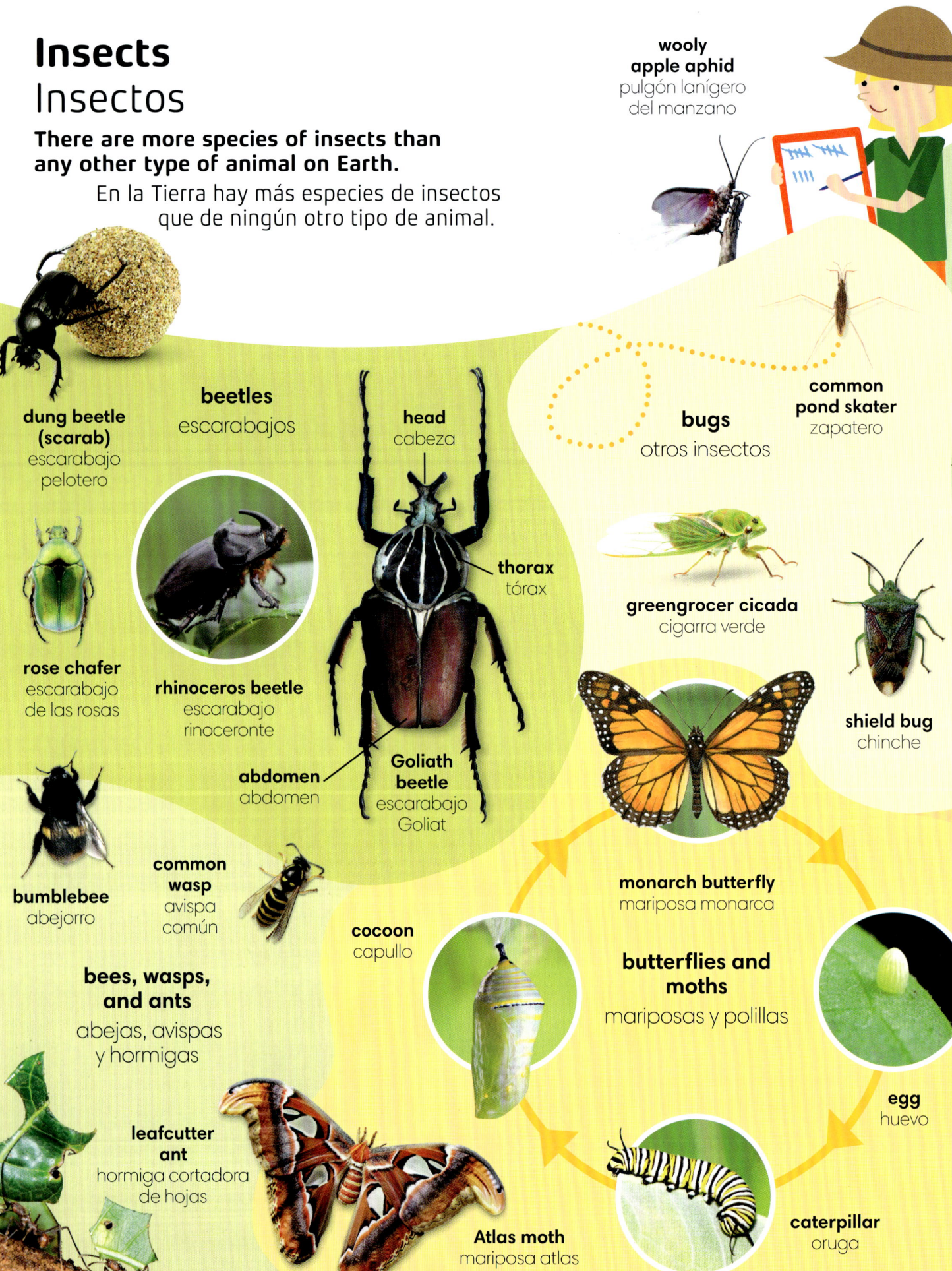

wooly apple aphid
pulgón lanígero del manzano

dung beetle (scarab)
escarabajo pelotero

beetles
escarabajos

head
cabeza

bugs
otros insectos

common pond skater
zapatero

rose chafer
escarabajo de las rosas

rhinoceros beetle
escarabajo rinoceronte

thorax
tórax

greengrocer cicada
cigarra verde

abdomen
abdomen

Goliath beetle
escarabajo Goliat

shield bug
chinche

bumblebee
abejorro

common wasp
avispa común

cocoon
capullo

monarch butterfly
mariposa monarca

bees, wasps, and ants
abejas, avispas y hormigas

butterflies and moths
mariposas y polillas

egg
huevo

leafcutter ant
hormiga cortadora de hojas

Atlas moth
mariposa atlas

caterpillar
oruga

common bluetail damselfly
cola azul común

emperor dragonfly
libélula emperador

desert locust
langosta del desierto

crickets, locusts, and grasshoppers
grillos, langostas y saltamontes

dragonflies and damselflies
libélulas y zigópteros

nymph
ninfa

common field grasshopper
saltamontes común

great green cricket
saltamontes longicornio

globe skimmer dragonfly
libélula rayadora naranja

fleas
pulgas

cockroaches
cucarachas

termites
termitas

American cockroach
cucaracha americana

hissing cockroach
cucaracha silbadora

dog flea
pulga de perro

earwigs
tijeretas

common mayfly
efímera común

termite
termita

European earwig
tijereta europea

mayflies
efímeras

praying mantises
mantis religiosas

stick insects and leaf insects
insectos palo e insectos hoja

leaf insect
insecto hoja

Mediterranean praying mantis
mantis mediterránea

Vietnamese stick insect
insecto palo vietnamita

11

Birds
Aves

Birds have beaks and feathers. They lay eggs with hard shells. Birds that fly have hollow bones to make them lighter.

Las aves tienen pico y plumas. Ponen huevos de cáscara dura. Las aves que vuelan tienen huesos huecos que las hacen más ligeras.

birds of prey
aves de presa

osprey
águila pescadora

seabirds
aves marinas

wandering albatross
albatros viajero

masked booby
piquero enmascarado

sparrowhawk
gavilán

barn owl
lechuza común

Atlantic puffin
frailecillo común

common gull
gaviota común

water birds
aves acuáticas

wading birds
aves limícolas

Which birds are native to where you live?
¿Qué aves son nativas de donde vives tú?

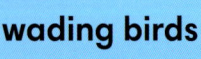

mute swan
cisne mudo

greater flamingo
flamenco común

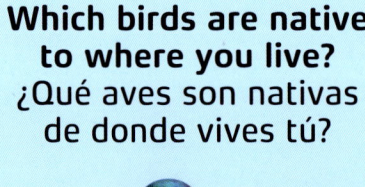

yellow-billed stork
tántalo africano

mallard duck
pato real

Canadian goose
ganso de Canadá

All birds share these features.
Todas las aves comparten las mismas características.

bony skeleton
esqueleto óseo

warm-blooded
sangre caliente

hard-shelled eggs
huevos de cáscara dura

feathers
plumas

scaly legs
patas escamosas

flightless birds
aves no voladoras

emu
emú

common ostrich
avestruz

kiwi
kiwi

penguins
pingüinos

emperor penguin
pingüino emperador

gentoo penguin
pingüino juanito

bald eagle
águila calva

domestic birds
aves domésticas

chicken
pollo

small birds
aves pequeñas

common wood pigeon
paloma torcaz

common swift
vencejo común

blue tit
herrerillo común

house sparrow
gorrión común

parrots
loros

galah
cacatúa Galah

scarlet macaw
guacamayo escarlata

ruby-throated hummingbird
colibrí de garganta roja

European robin
petirrojo europeo

13

Amphibians
Anfibios

Most amphibians live on land for much of the year. They must return to the water to breed because their eggs have no shells.

La mayoría de los anfibios viven en tierra buena parte del año. Deben volver al agua para criar, puesto que sus huevos no tienen cáscara.

frogs and toads
ranas y sapos

salamanders
salamandras

American toad tadpole
renacuajo del sapo americano

American toad
sapo americano

natterjack toad
sapo corredor

American bullfrog tadpole
renacuajo de la rana toro americana

American bullfrog
rana toro americana

croak
croac

some oxygen absorbed through skin
un poco de oxígeno se absorbe por la piel

cane toad
sapo gigante

common frog
rana bermeja

common frog tadpole
renacuajo de la rana bermeja

All amphibians share these features.
Todos los anfibios comparten las mismas características.

bony skeleton
esqueleto óseo

cold- blooded
sangre fría

jelly eggs
desove (huevos)

adult has lungs
los adultos tienen pulmones

juvenile has gills
los alevines tienen agallas

Amphibians release slimy mucus which helps to keep their skin moist.
Los anfibios liberan una mucosidad viscosa que los ayuda a mantener húmeda la piel.

spotted salamander
salamandra moteada

axolotl
ajolote

giant Chinese salamander
salamandra gigante china

crest
cresta

newts
tritones

great crested newt
tritón crestado gigante

smooth newt
tritón común

great crested newt eft
larva del tritón crestado gigante

webbed feet
pies palmeados

poison dart frog
rana punta de flecha

caecilians
cecilias

tailless
sin cola

limbless
sin patas

red-eyed tree frog
rana verde de ojos rojos

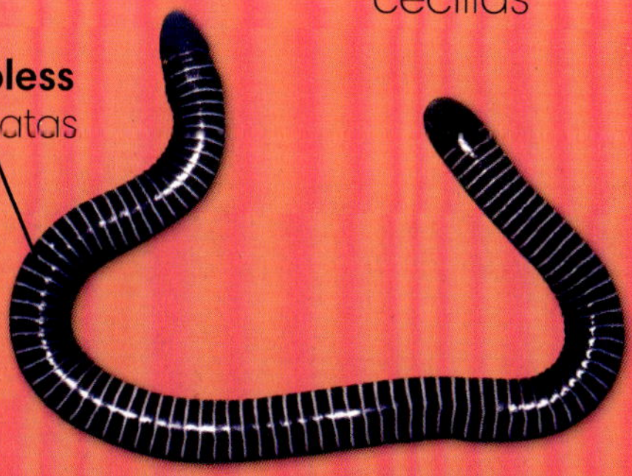

ringed caecilian
culebrita tapiera

15

Mammals
Mamíferos

Mammals give birth to live young which feed on their mother's milk.

Los mamíferos dan a luz crías vivas, que se alimentan de la leche de su madre.

Bactrian two-humped camel
camello bactriano

brown-throated sloth
perezoso bayo

bonnet macaque
macaco coronado

mongoose lemur
lémur mangosta

mouse
ratón

Burchell's zebra
cebra de Burchell

llama
llama

African elephant
elefante africano

Some mammals, such as whales and dolphins, live underwater.
Algunos mamíferos, como las ballenas y los delfines, viven bajo el agua.

North American river otter
nutria de río de América del Norte

sperm whale
cachalote

bottlenose dolphin
delfín nariz de botella

bony skeleton
esqueleto óseo

warm-blooded
sangre caliente

pregnant
embarazo

live young
crías vivas

mother's milk
leche materna

most have fur
la mayoría
tienen piel

pangolin
pangolín

bat
murciélago

ermine
armiño

red panda
panda rojo

capybara
capibara

sun bear
oso malayo

warthog
jabalí verrugoso

brown hare
liebre común

Virginia opossum
zarigüeya de Virginia

ringed seal
foca ocelada

marsupials
marsupiales

wombat
wómbat

wallaby
ualabí

North America
América del Norte

South America
América del Sur

New Guinea
Nueva Guinea

koala
koala

Australia
Australia

Tasmania
Tasmania

monotremes
monotremas

**undeveloped
young**
cría inmadura

lays eggs
pone huevos

New Guinea
Nueva Guinea

Australia
Australia

echidna
equidna

duck-billed platypus
ornitorrinco

17

Primates
Primates

Humans belong to the primate family. Our brains are highly complex, just like other primates.

Los humanos pertenecemos a la familia de los primates. Nuestro cerebro es muy complejo, igual que el de otros primates.

howler monkey
mono aullador

grasp
agarra

golden lion tamarin
tamarino león dorado

emperor tamarin
tití emperador

woolly spider monkey
mono araña lanudo

spider monkey
mono araña

use tools
utilizan herramientas

Monkey tails can grip branches, like an extra hand.
La cola de los monos puede agarrarse a las ramas, como si fuera una mano adicional.

swing through trees
se balancea en los árboles

squirrel monkey
mono ardilla

capuchin monkey
mono capuchino

woolly monkey
mono lanudo

titi
tití

gibbon
gibón

olive baboon
papión oliva

vervet monkey
cercopiteco verde

ring-tailed lemur
lémur de cola anillada

aye-aye
aye-aye

Abyssinian black-and-white colobus (guereza)
colobo blanco y negro de Abisinia (guereza)

rhesus monkey
macaco Rhesus

Barbary macaque
macaco de Berbería

loris
loris

talk
habla

human
humana

gorilla
gorila

bonobo
bonobo

chimpanzee
chimpancé

proboscis monkey
mono narigudo

orangutan
orangután

no tail
sin cola

Fish
Peces

There are two types of fish. One type has a skeleton made of bone. The other has a skeleton made of cartilage, which is more flexible.

Hay dos tipos de peces. Uno tiene un esqueleto hecho de huesos. El otro tiene un esqueleto hecho de cartílago, que es más flexible.

All fish share these features. Todos los peces comparten las mismas características.

cold- blooded
sangre fría

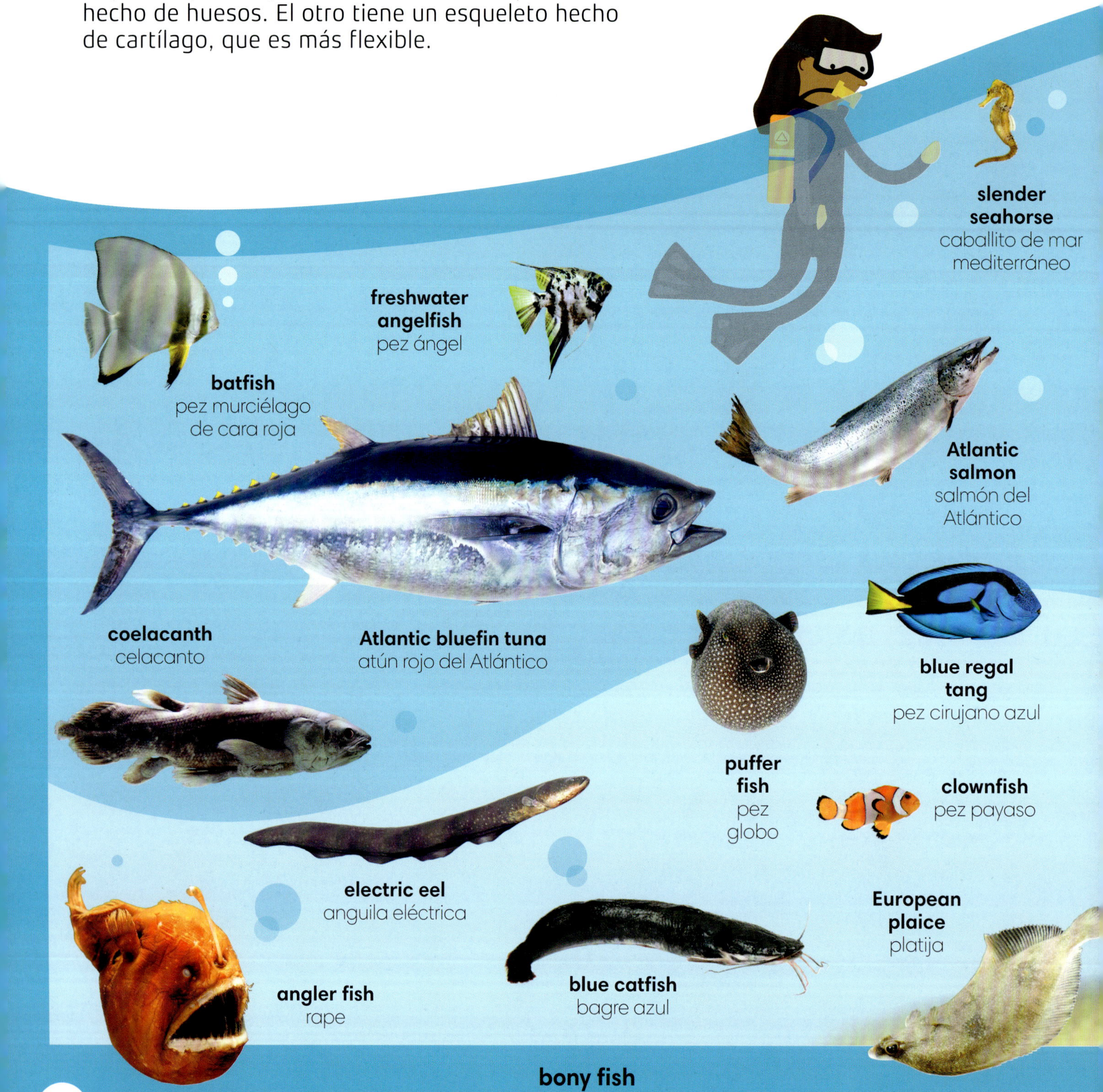

slender seahorse
caballito de mar mediterráneo

freshwater angelfish
pez ángel

batfish
pez murciélago de cara roja

Atlantic salmon
salmón del Atlántico

coelacanth
celacanto

Atlantic bluefin tuna
atún rojo del Atlántico

blue regal tang
pez cirujano azul

puffer fish
pez globo

clownfish
pez payaso

electric eel
anguila eléctrica

European plaice
platija

angler fish
rape

blue catfish
bagre azul

bony fish
peces óseos

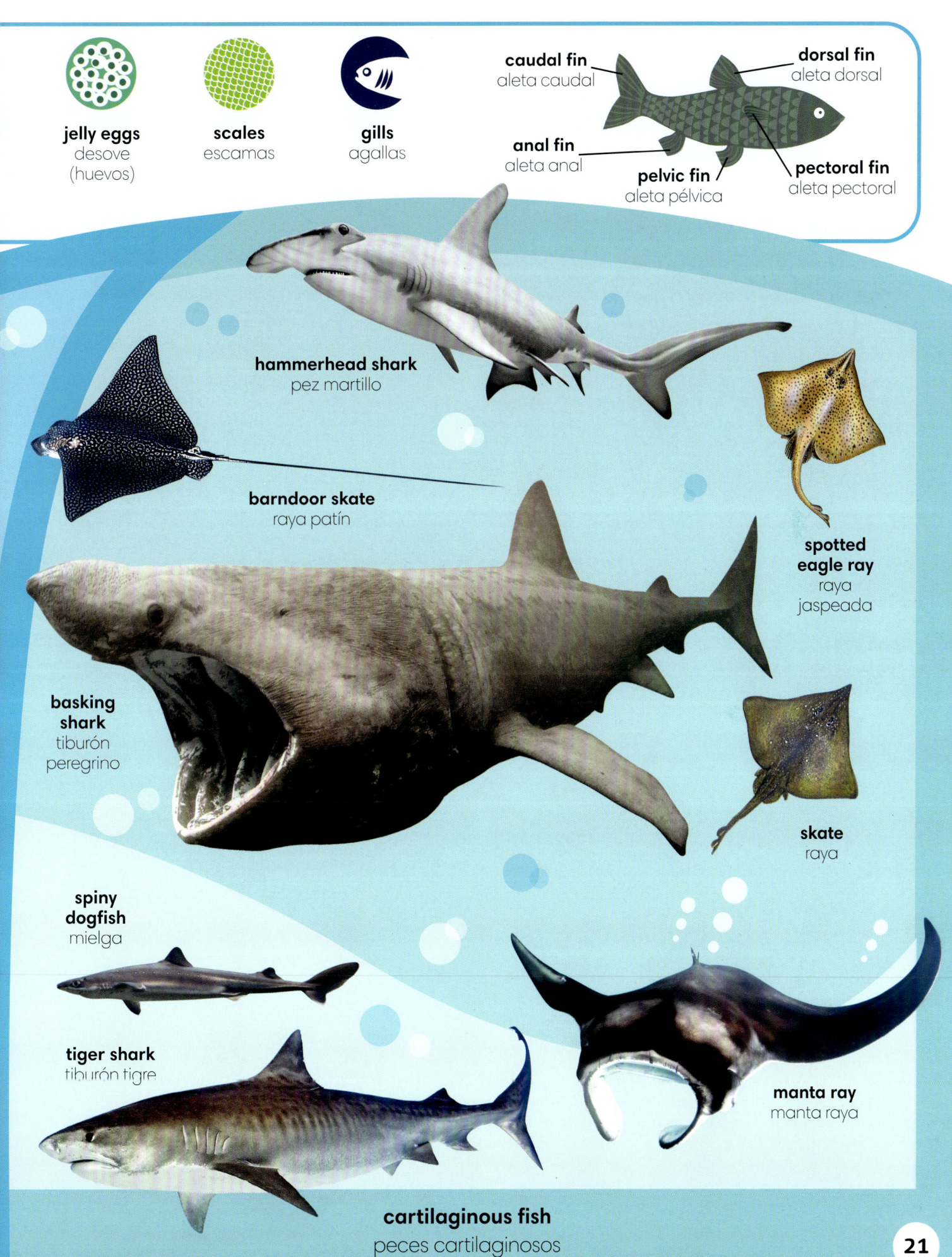

jelly eggs
desove
(huevos)

scales
escamas

gills
agallas

caudal fin
aleta caudal

dorsal fin
aleta dorsal

anal fin
aleta anal

pelvic fin
aleta pélvica

pectoral fin
aleta pectoral

hammerhead shark
pez martillo

barndoor skate
raya patín

spotted eagle ray
raya jaspeada

basking shark
tiburón peregrino

skate
raya

spiny dogfish
mielga

tiger shark
tiburón tigre

manta ray
manta raya

cartilaginous fish
peces cartilaginosos

21

Reptiles
Reptiles

Reptiles are cold-blooded: they cannot make their own body heat. Most reptiles must bask in the sun to warm up before they can be active.

Los reptiles tienen la sangre fría: no pueden producir su propio calor. La mayoría de los reptiles deben ponerse al sol para calentarse antes de poder estar activos.

lizards
lagartos

green iguana
iguana verde

panther chameleon
camaleón pantera

Komodo dragon
dragón de Komodo

leopard gecko
gecko leopardo

tortoises and turtles
tortugas de agua y de tierra

diamondback terrapin
tortuga espalda de diamante

Reptiles have been around for over 300 million years.
Los reptiles existen desde hace más de 300 millones de años.

crawl
se arrastran

shell (carapace)
caparazón

scute
escudo

Blanding's turtle
tortuga Blandingii

red-footed tortoise
tortuga terrestre de patas rojas

horny beak
pico córneo

leg
pata

Galapagos giant tortoise
tortuga gigante de las Galápagos

claw
garra

All reptiles share these features.
Todos los reptiles comparten las mismas características.

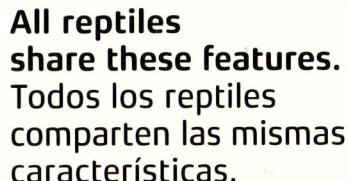
bony skeleton
esqueleto óseo

cold-blooded
sangre fría

leathery eggs
huevos correosos

scales
escamas

black mamba
mamba negra

snakes
serpientes

venomous
venenosas

sheds skin
mudan la piel

slither
se deslizan

boa constrictor
boa constrictor

fangs
colmillos

forked tongue
lengua bífida

tuataras
tuátaras

tuatara
tuátara

only in New Zealand
solo en Nueva Zelanda

crocodiles and alligators
cocodrilos y caimanes

tail ridge
cola crestada

belly crawl
reptan

Nile crocodile
cocodrilo del Nilo

American alligator
caimán americano

webbed feet
pies palmeados

23

Our pets
Nuestras mascotas

Humans enjoy the company of animals. We keep many different types of animals as pets.

Los humanos disfrutamos de la compañía de los animales. Tenemos muchos tipos de animales como mascotas.

terrapin
tortuga de agua

aquarium
acuario

tropical fish
peces tropicales

koi carp
carpa koi

pond
estanque

puppy
cachorro

collar
collar

bed
cama

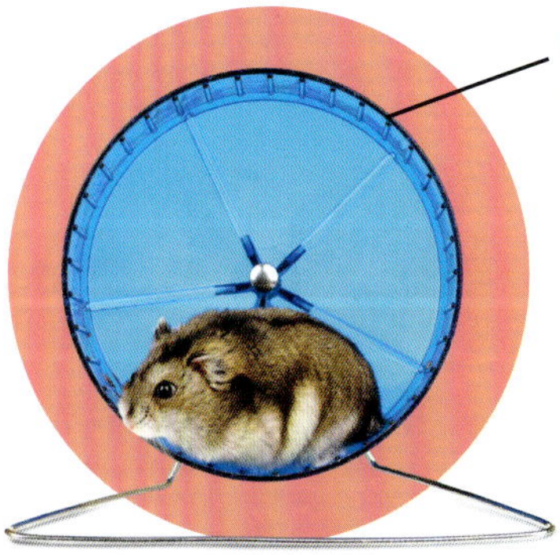

wheel
rueda

hamster
hámster

gerbil
gerbo

parrot
loro

ferret
hurón

pony
poni

rat
ratón

tortoise
tortuga de tierra

heat lamp
lámpara
de calor

gecko
gecko

lovebirds
agapornis

vivarium
terrario

hutch
conejera

snake
serpiente

rabbit
conejo

guinea pigs
conejillos de Indias

bell
campana

**scratching
post**
poste
rascador

seeds
semillas

budgie
periquito

cage
jaula

litter tray
caja de arena

kitten
gatito

Domestic dogs
Perros domésticos

Humans have kept dogs for thousands of years. Many breeds are working dogs. Others are bred to be good company.

Los humanos hemos tenido perros durante miles de años. Muchas razas son perros de trabajo. Otras se crían para ser una buena compañía.

Do you have a favourite dog breed?
¿Tienes alguna raza de perro favorita?

hounds
sabuesos

Basset Hound
basset hound

Beagle
beagle

Irish Wolfhound
lebrel irlandés

Whippet
whippet

Greyhound
galgo

retrievers
perros de caza

Dachshund
teckel

Irish Setter
setter irlandés

Norwegian Elkhound
cazador de alces noruego

Cocker Spaniel
cocker spaniel

Labrador Retriever
labrador

Golden Retriever
golden retriever

herding dogs
perros pastores

Newfoundland
terranova

Boxer
bóxer

Samoyed
samoyedo

Siberian Husky
husky siberiano

German Shepherd
pastor alemán

Old English Sheepdog
bobtail, antiguo pastor inglés

Border Collie
border collie

Doberman Pinscher
dóberman

utility dogs
perros de servicio

Yorkshire Terrier
yorkshire terrier

Jack Russell
Jack Russell terrier

toy dogs
perros miniatura

Chihuahua
chihuahua

French Bulldog
bulldog francés

Toy Poodle
caniche

lap dogs
perros falderos

Cockapoo
cockapoo

Pug
pug

Shih Tzu
shih tzu

Cavalier King Charles Spaniel
Cavalier King Charles Spaniel

Pekingese
pequinés

Cats of all sizes
Felinos de todos los tamaños

Cats are also known as felines. Although they come in lots of different sizes, they share many of the same characteristics.

Aunque los hay de muchos tamaños distintos, comparten muchas características similares, incluidos los gatos domésticos.

lynx
lince

colocolo
gato de las pampas

jaguar
jaguar

ocelot
ocelote

leopard
leopardo

puma
puma

marbled cat
gato jaspeado

Do you have a favourite cat species?
¿Hay alguna especie de felino que sea tu favorita?

Feline features
Características felinas

hunters
cazadores

carnivorous
carnívoros

curved claws
garras curvas

cheetah
guepardo

caracal
caracal

sand cat
gato del
desierto

serval
serval

Pallas's cat
manul

**snow
leopard**
leopardo de
las nieves

Domestic cat breeds
razas de gato doméstico

Domestic Shorthair
doméstico de pelo corto

Himalayan
himalayo

Maine Coon
Maine Coon

Siamese
siamés

jaguarundi
yaguarundí

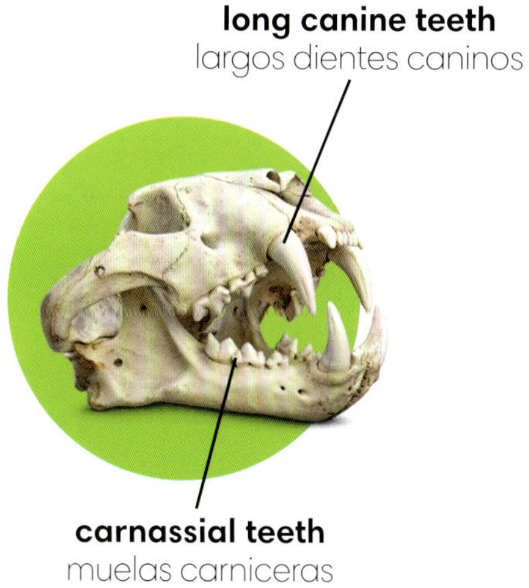

long canine teeth
largos dientes caninos

carnassial teeth
muelas carniceras

whiskers
bigotes

night vision
visión nocturna

Animal sounds
Los sonidos de los animales

Animals make noises for many reasons. Different sounds help them to communicate with family, scare away predators, and attract mates.

Los animales hacen ruidos por muchos motivos. Distintos sonidos los ayudan a comunicarse con su familia, ahuyentar a los depredadores o atraer a posibles parejas.

Habitats sound different because of the creatures that live there.
En cada hábitat se oyen sonidos distintos a causa de los animales que viven allí.

ocean
océano

dolphins
delfines

click
clic

whistle
silba

orca
orca

countryside
campo

chirp
gorjea

nuthatch
sita

screech
chirría

hoot hoot
uuuh uuuh

barn owl
lechuza común

tawny owl
cárabo

bark
ladra

scream
aúlla

fox
zorro

squeak
chilla

peck peck
pic, pic

mouse
ratón

croak
croac

woodpecker
pájaro carpintero

frog
rana

savannah
sabana

chatter
parlotea

vervet monkey
cercopiteco verde

trumpet
barrita

elephant
elefante

rattle
vibra

hiss
silba

snake
serpiente

snarl
gruñe

roar
ruge

growl
grrr

lion
león

farmyard
granja

oink
oinc

snort
gruñe

moo
muuu

cow
vaca

pig
cerdo

bray
rebuzna

whinny
relincha

hee-haw
iii aaah

neigh
rebufa

donkey
asno

nicker
patea

horse
caballo

gobble gobble glu glu

turkey
pavo

baaa baaa

bleat
bala

sheep
oveja

hiss
grazna

quack quack

honk
onc

cockadoodledoo
quiquiriquí

cluck
clocó

goose
ganso

duck
pato

chicken
pollo

garden
jardín

woof
guau

miaow
miau

coo
gru

bark
ladra

cat
gato

buzz
bzzz

bees
abejas

pigeon
paloma

dog
perro

Superpowers
Superpoderes

Some creatures have adaptations that are so incredible they sound like superpowers!

¡Algunos animales tienen adaptaciones tan increíbles que parecen superpoderes!

firefly
luciérnaga

bioluminescent
bioluminiscente

using ultrasound
usa ultrasonidos

little brown bat
pequeño murciélago café

tardigrade
tardígrado

hears sound too high for human ears
oye sonidos demasiado agudos para el oído humano

runs as fast as a car
corre tanto como un coche

cheetah
guepardo

suspended animation (pausing life)
animación suspendida (pone la vida en pausa)

plumed basilisk
basilisco verde

runs on water
corre sobre el agua

electric eel
anguila eléctrica

salmon
salmón

gives an electric shock
da descargas eléctricas

navigates long distances
nada largas distancias

intelligent
inteligente

most venomous sting
el aguijón más venenoso

flexible
flexible

firefly squid
calamar luciérnaga

escapes traps
escapa de las trampas

octopus
pulpo

glows in the dark
brilla en la oscuridad

box jellyfish
cubomedusa

world's fastest animal
el animal más rápido del mundo

gecko
gecko

peregrine falcon
halcón peregrino

quick dive
se zambulle con rapidez

walks on ceilings
camina por el techo

sticky toe pads
almohadillas adhesivas

amazing sense of smell
olfato increíble

most venomous bite
la picadura más venenosa

climbs up walls
sube por las paredes

jumping
salta

funnel web spider
araña de tela de embudo

cat flea
pulga de gato

Alpine ibex
íbice alpino

silvertip grizzly bear
oso gris

leaps 150 times its body length
salta 150 veces su longitud corporal

great balance
gran equilibrio

punches faster than a bullet
su golpe es más veloz que una bala

peacock mantis shrimp
camarón mantis pavo real

On the move
En marcha

Animals move in different ways to get around, escape predators, or hunt prey.

Los animales se mueven de formas distintas para desplazarse, huir de los depredadores o cazar a sus presas.

flying
vuelo

soar
se elevan

flutter
revolotean

flap
aletean

hover
se mantienen

hunting
caza

chase
persiguen

stalk
acechan

prowl
merodean

slow moving
movimiento lento

crawl
se arrastran

walk
caminan

belly crawl
reptan

in the water
en el agua

wade
vadean

dive
se zambullen

paddle
palmean

swim
nadan

squirt
se propulsan a chorro

active flight
vuelo activo

glide
planean

quick movements
movimientos rápidos

gallop
galopan

jump
saltan

hop
brincan

run
corren

loop
se ondulan

in the trees
en los árboles

swing
se balancean

climb
trepan

unusual movements
movimientos poco usuales

knuckle walk
caminan sobre los nudillos

roll
hacen rodar

sidewind
reptan de lado

float
flotan

underground
bajo tierra

burrow
se esconden

wriggle
se retuercen

dig
cavan

35

Unusual animals
Animales insólitos

There are a wide variety of animals. Some don't look like animals at all!

Los animales son muy variados. Hay algunos que ¡ni siquiera parece que sean animales!

saiga antelope
saiga

pink fairy armadillo
pichiciego

star-nosed mole
topo de nariz estrellada

northern three-toed jerboa
jerbo de pies peludos

mata mata sea turtle
tortuga matamata

thorny devil
diablo espinoso

Satanic leaf-tailed gecko
gecko cola de hoja satánico

warty frogfish
pez rana verrugoso

vase sponge
cesta de flores de Venus

sea pig
cerdo de mar

glass sponge
esponja vítrea

brain coral
coral cerebro

purple sea pen
pluma marina

mushroom coral
coral hongo

limpet
lapa

Honduran white bat
murciélago blanco hondureño

magnificent frigate bird
fragata común

Indian purple frog
rana púrpura

greater lophorina
ave del paraíso soberbia

Japanese emperor caterpillar
oruga de la mariposa emperador japonesa

hummingbird hawk-moth
esfinge colibrí

dumbo octopus
pulpo dumbo

red-lipped batfish
pez murciélago de labios rojos

blue dragon sea slug
dragón azul

firework jellyfish
medusa de fuegos artificiales

Macropinna microstoma
pez cabeza transparente

blobfish
cabeza gorda

barnacle
percebe

leafy sea dragon
dragón de mar foliado

sea bunny
conejo de mar

goblin shark
tiburón duende

Venus fan
gorgonia

Colourful animals
Animales coloridos

Vibrant colours often have a purpose in the animal kingdom, such as warnings, camouflage, and showing off!

Los colores llamativos a menudo tienen una razón de ser en el reino animal, ya sea para alertar, para camuflarse o para exhibirse.

"I'm pink because of the food I eat!"
"¡Soy de color rosa por lo que como!".

flamingo
flamenco

neon tetra
tetra neón

freshwater angelfish
pez ángel

keel-billed toucan
tucán
pico iris

Scarlet macaw
guacamayo
escarlata

"My bright colours help me attract a mate."
"Mis vivos colores me ayudan a atraer una pareja".

crowntail betta
pez betta

fiery throated hummingbird
colibrí insigne

golden snub-nosed monkey
langur chato dorado

Moorish idol
dolo moro

Indian peafowl
pavo real

oriental dwarf kingfisher
martín pescador oriental

Wilson's bird-of-paradise
ave del paraíso republicana

green discus
pez disco

candy basslet
lipropoma

boomslang snake
culebra arborícola de El Cabo

orchid mantis
mantis orquídea

"My colour helps me hide among flowers."
"Mi color me ayuda a camuflarme entre las flores".

blue morpho
morfo azul

Indonesian pit viper
serpiente azul de Willshire

peacock spider
araña pavo real

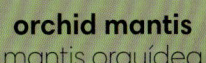

eastern box turtle
tortuga de caja oriental

panther chameleon
camaleón pantera

red lionfish
pez león colorado

"My colour warns other animals that I'm poisonous."
"Mi color avisa a otros animales de que soy venenoso".

crowned jellyfish
medusa coronada

peacock mantis shrimp
camarón mantis pavo real

blue dart frog
rana flecha azul

jewel beetle
escarabajo joya

Picasso bug
chinche Picasso

rose maple moth
polilla del arce rosa

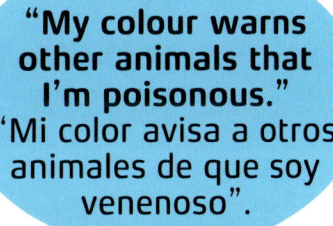

mandrill
mandril

beadlet anemone
tomate de mar

royal gramma
pez abuela real

golden tortoise beetle
escarabajo tortuga dorada

rainbow parrotfish
pez loro guacamayo

blue-ringed octopus
pulpo de anillos azules

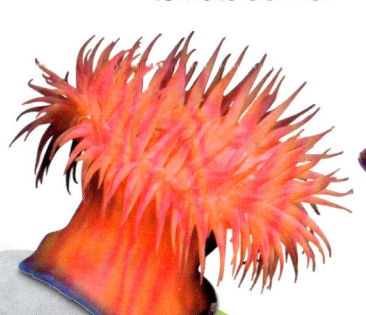

Camouflage
Camuflaje

Camouflage helps animals to blend in with their habitats and stay hidden from view.

El camuflaje ayuda a los animales a esconderse en su hábitat.

white-tailed ptarmigan
lagópodo coliblanco

look like snow
parecen nieve

Arctic fox
zorro ártico

Arctic
Ártico

look like bark and leaves
parecen corteza y hojas

peppered moth
mariposa de los abedules

copperhead snake
serpiente cabeza de cobre

great horned owl
búho americano

long-eared owl
búho chico

boreal forest
bosque boreal

look like plants
parecen plantas

mossy leaf-tail gecko
Uroplatus sikorae

ghost mantis
mantis de hoja muerta

walking stick
insecto palo

common potoo
nictibio urutaú

tropical forest
bosque tropical

Eastern chipmunk
ardilla listada del Este americano

red squirrel
ardilla roja

mountain caribou
caribú

temperate forest
bosque templado

look like dappled shade
parecen sombras moteadas

spotted hyena
hiena manchada

impala
impala

leopard
leopardo

African wild dog
licaón

savannah
sabana

---

blue shark
tintorera

hard to see from above and below
difícil de ver desde arriba y desde abajo

looks like seafloor
parece el fondo marino

stone flounder
Kareius bicoloratus

underwater
bajo el agua

---

look like flowers
parecen flores

goldenrod crab spider
araña cangrejo

orchid mantis
mantis orquídea

flowers
flores

---

nightjar
chotacabras

looks like the ground
parece el suelo

mugger crocodile
cocodrilo de las marismas

looks like a log
parece un tronco

riverbank
ribera

Home sweet home
Hogar, dulce hogar

There are all kinds of homes in the animal kingdom. Some creatures build their own home, while others find existing spots to settle in.

En el reino animal hay toda clase de hogares. Algunos animales construyen su propio hogar, mientras que otros buscan el rincón adecuado para instalarse.

bat
murciélago
roost
dormidero

bear
oso
den
guarida

wild boar
jabalí
temporary nest
nido temporal

prairie dog
perrito de las praderas
town
colonia

harvest mouse
ratón de los cultivos
nest
nido

red squirrel
ardilla roja
drey
nido

otter
nutria
holt
guarida

beaver
castor
lodge inside a dam
madriguera en un dique

fox
zorro
earth
guarida

rabbit
conejo
warren
madriguera

water vole
topillo de agua
burrow
madriguera

badger
tejón
sett
guarida

sociable weaverbird
tejedor republicano
multistorey nest
nido de varios niveles

baya weaverbird
tejedor baya
nest colony
nido colonia

rufous hornero
hornero común
clay nest
nido de barro

golden eagle
águila real
eyrie
aire libre

hanging nests
nidos colgantes

clownfish
pez payaso
anemone
anémona

limpet
lapa
rock
roca

Montezuma oropendola
oropéndola de Moctezuma
pendulous nest
nido colgante

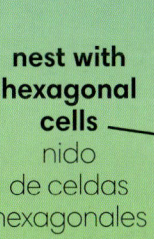

nest with hexagonal cells
nido de celdas hexagonales

curls a leaf to make a home
curva una hoja para hacerse un hogar

paper wasp
avispa papelera europea
nest
nido

Australian leaf-curling spider
araña deformadora de hojas
leaf
hoja

froghopper
chicharrita
cuckoo spit
mucílago

leaves woven together
hojas entretejidas

European red wood ant
hormiga roja europea
anthill
hormiguero

tent moth
polilla de la tienda
tent made of silk
tienda hecha de seda

Australian weaver ants
hormigas tejedoras australianas
nest made of leaves
nido hecho de hojas

Baby animals
Crías de animales

Animals change as they grow up. Some change completely, others just grow bigger.

Los animales cambian a medida que crecen. Algunos cambian por completo y otros, simplemente, crecen.

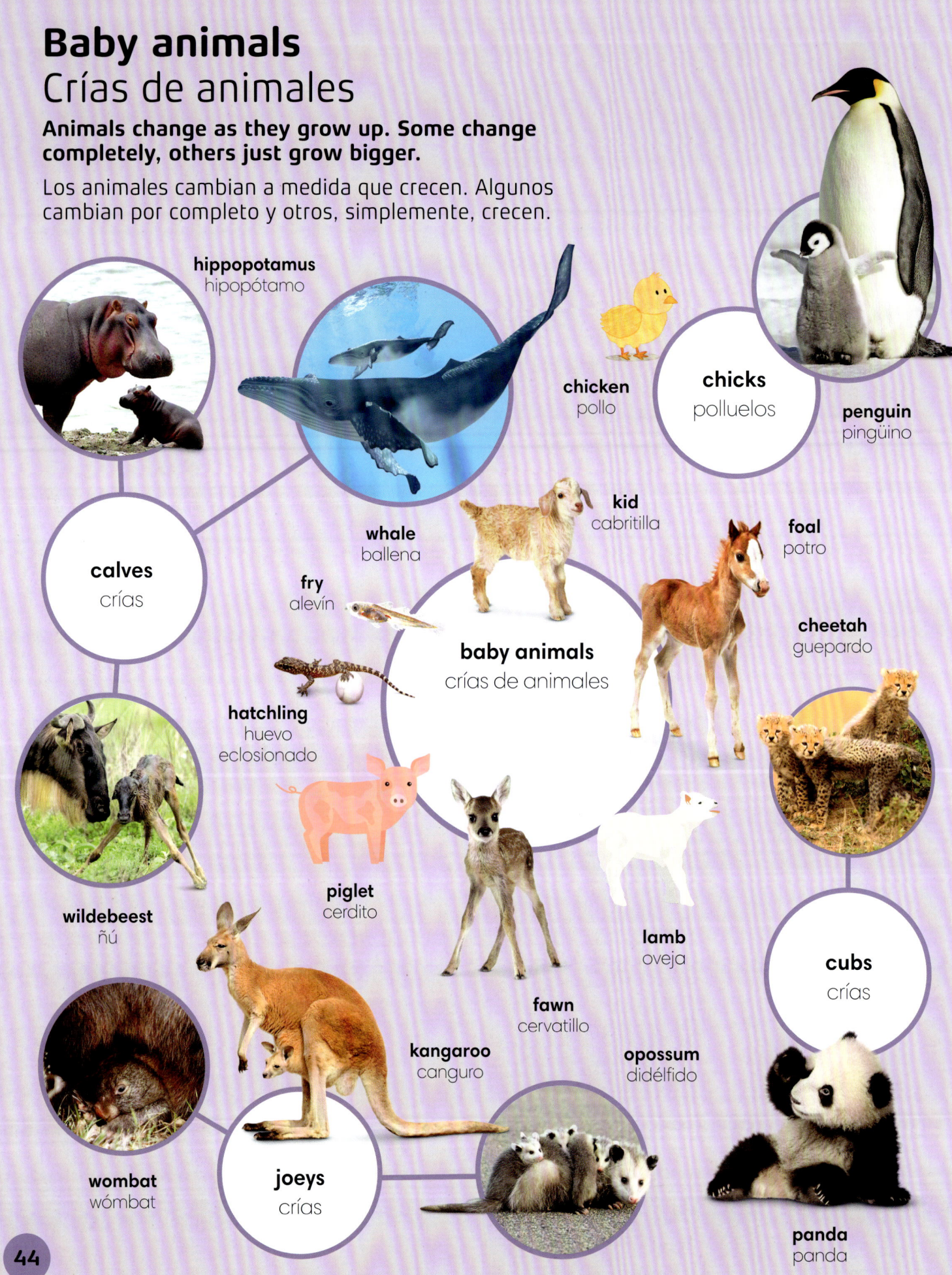

hippopotamus
hipopótamo

chicken
pollo

chicks
polluelos

penguin
pingüino

whale
ballena

kid
cabritilla

foal
potro

calves
crías

fry
alevín

cheetah
guepardo

baby animals
crías de animales

hatchling
huevo eclosionado

cubs
crías

piglet
cerdito

lamb
oveja

wildebeest
ñú

fawn
cervatillo

kangaroo
canguro

opossum
didélfido

wombat
wómbat

joeys
crías

panda
panda

green sea turtle
tortuga verde

reptiles, fish, birds: egg laying
reptiles, peces, aves: ponen huevos

pit in sand
hoyo en la arena

laying eggs
ponen huevos

otter
nutria

mammals: live young
mamíferos: crías vivas

pup
cachorro

live birth
nacen vivas

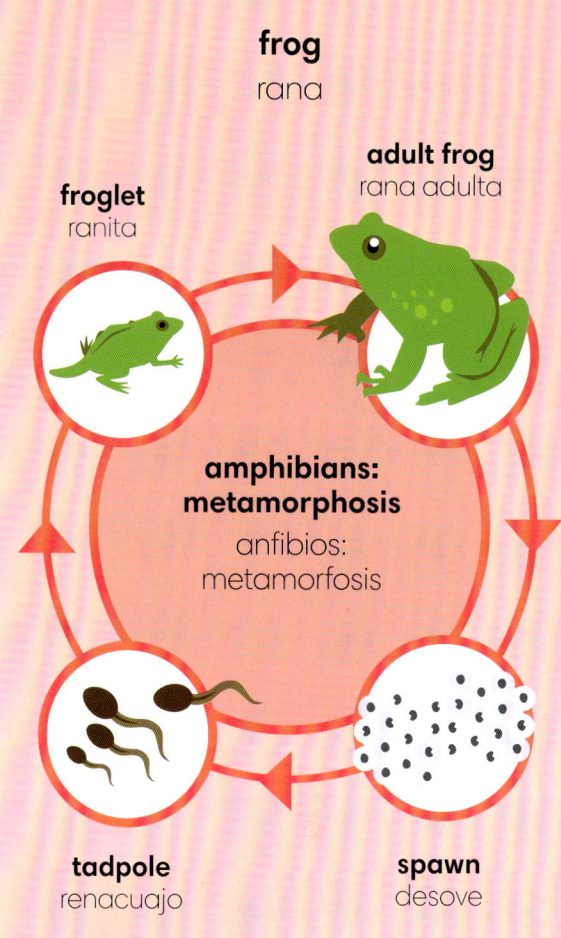

frog
rana

froglet
ranita

adult frog
rana adulta

amphibians: metamorphosis
anfibios: metamorfosis

tadpole
renacuajo

spawn
desove

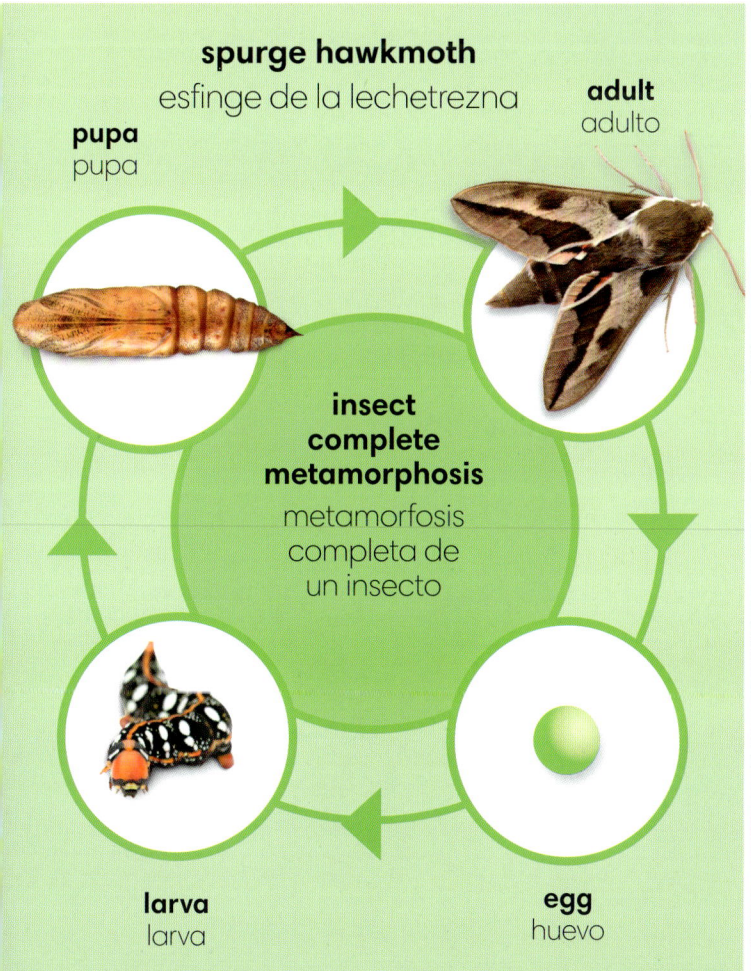

spurge hawkmoth
esfinge de la lechetrezna

pupa
pupa

adult
adulto

insect complete metamorphosis
metamorfosis completa de un insecto

larva
larva

egg
huevo

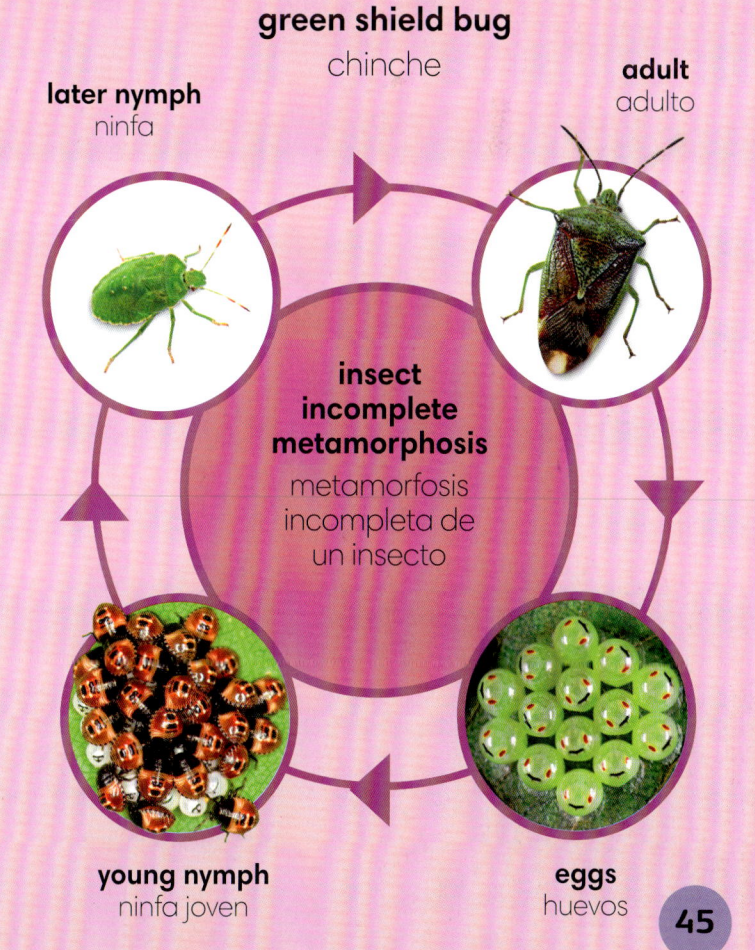

green shield bug
chinche

later nymph
ninfa

adult
adulto

insect incomplete metamorphosis
metamorfosis incompleta de un insecto

young nymph
ninfa joven

eggs
huevos

45

Eggs of all kinds
Huevos de todo tipo

Fish eggs, bird eggs, turtle eggs, insect eggs – they all look different.

Huevos de pez, huevos de ave, huevos de tortuga, huevos de insecto... todos son distintos.

birds
aves

ostrich
avestruz

melodious warbler
zarcero común

vervain hummingbird
colibrí zumbadorcito

chicken
gallina

emu
emú

reptiles
reptiles

lizard
lagarto

sea turtle
tortuga marina

crocodile
cocodrilo

amphibians
anfibios

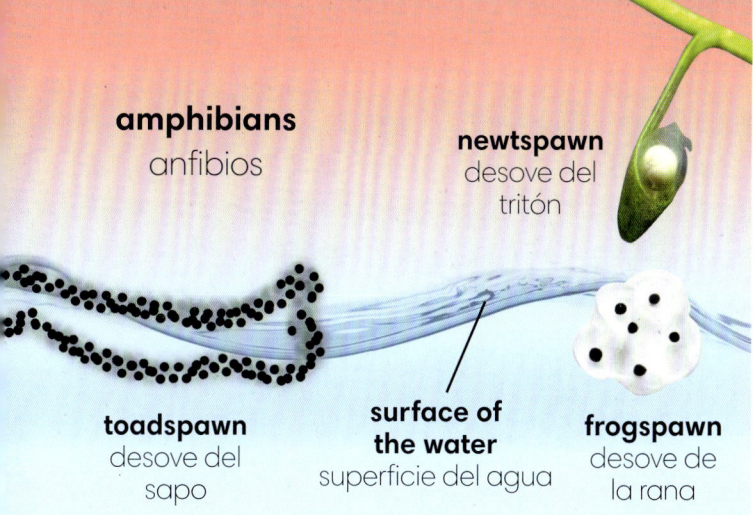

newtspawn
desove del tritón

toadspawn
desove del sapo

surface of the water
superficie del agua

frogspawn
desove de la rana

octopuses and squids
pulpos y calamares

opalescent market squid
calamar común

veined octopus
pulpo

fish
peces

horn shark
suño cornudo

salmon
salmón

lesser spotted dogfish
pintarroja

sturgeon
esturión

molluscs
moluscos

snail
caracol

insects
insectos

monarch butterfly
mariposa monarca

male carries eggs on its back
el macho lleva los huevos en la espalda

ladybird
mariquita

spined soldier bug
chinche común

giant water bug
chinche acuática gigante

owl butterfly
mariposa búho

myriapods
miriápodos

red-headed centipede
escolopendra roja

arachnids
arácnidos

silk
seda

European garden spider
araña de jardín europea

egg sac
bolsa de huevos

Incredible bodies
Cuerpos increíbles

Look at all the parts which make up these amazing animals.

Fíjate en todas las partes que forman estos fascinantes animales.

skeletons
esqueletos

skeleton
esqueleto

muscles
músculos

exoskeleton (muscles inside the skeleton)
exoesqueleto (los músculos, dentro del esqueleto)

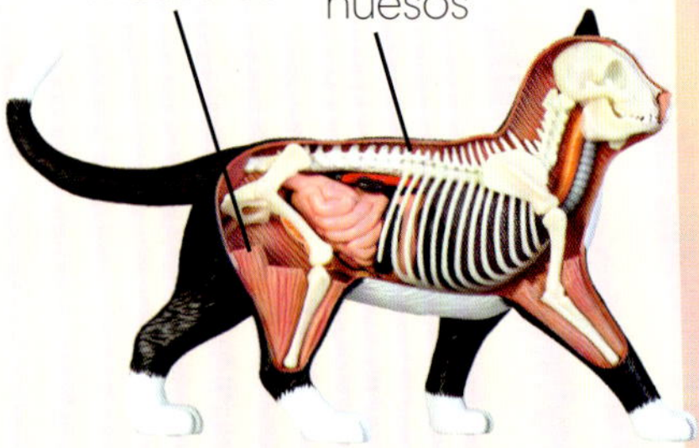

muscles
músculos

bones
huesos

endoskeleton (muscles outside the skeleton)
endoesqueleto (los músculos, fuera del esqueleto)

paws
zarpas

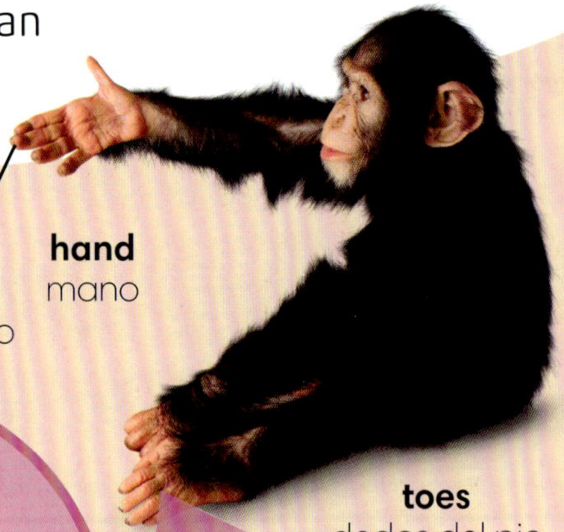

fingers
dedos de la mano

hand
mano

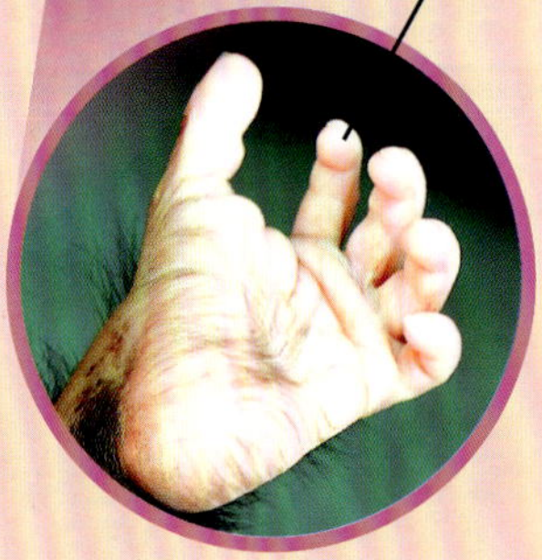

claws
garras

hands and feet
manos y pies

toes
dedos del pie

talons
garras

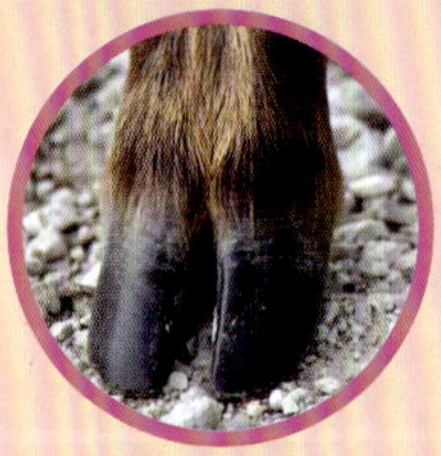

hoof
pezuña

foot
pie

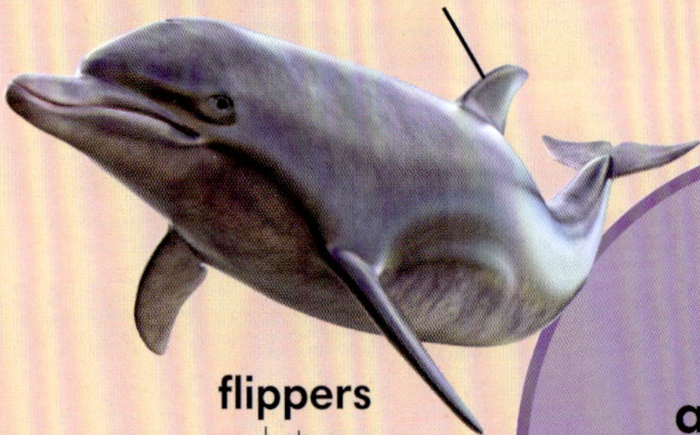

fin
aleta dorsal

flippers
aletas

limbs and appendages
extremidades y apéndices

arms
brazos

tentacles
tentáculos

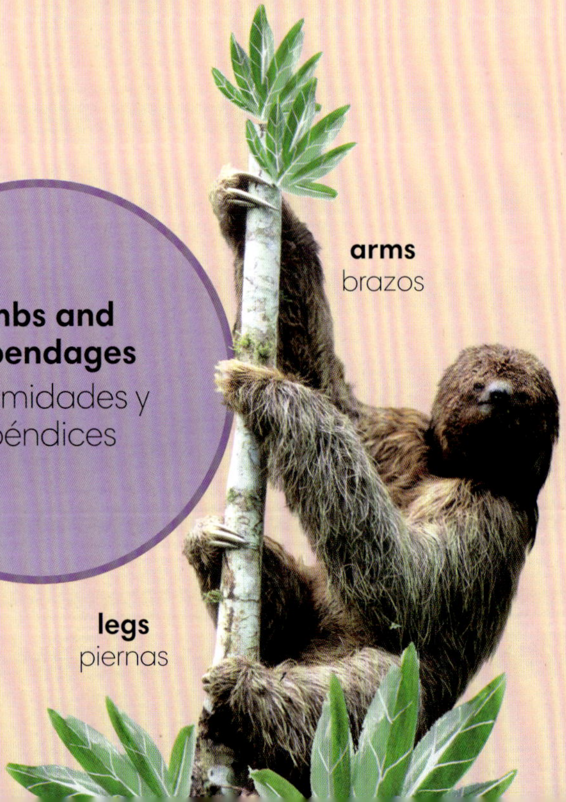

legs
piernas

mane
melena

skin
piel

bristles
cerdas

scales
escamas

fur
piel

on the body
en el cuerpo

hair
pelo

wool
lana

spines
púas

tails
colas

bill
pico

beak
pico

eyes
ojos

ear
oído

whiskers
bigotes

membrane
membrana

antlers
cornamenta

heads
cabezas

wings
alas

tusks
colmillos

antennae
antenas

feather
plumas

veins
venas

teeth
dientes

horns
cuernos

Defending
Defenderse

Animals have lots of different ways to protect themselves.

Los animales tienen muchas formas distintas de protegerse.

hornet
avispón

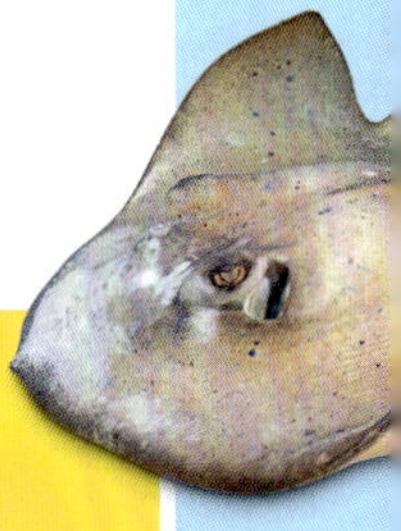

crown of thorns starfish
corona de espinas

porcupine
puercoespín

millipede
milpiés

ball python
pitón real

spikes
púas

hedgehog
erizo

curling up
enroscarse

skunk
mofeta

Humboldt squid
calamar de Humboldt

opossum
zarigüella

spraying or squirting
rociar o mojar

playing dead
hacerse el muerto

crested gecko
gecko crestado

stone crab
cangrejo piedra

dropping a limb or tail
desprenderse de una extremidad o de la cola

Portuguese man-of-war jellyfish
carabela portuguesa

whiptail stingray
raya látigo

bullet ant
hormiga bala

striped bark scorpion
escorpión rayado de la corteza

sting
aguijón

tastes bad
tiene mal sabor

tiger moth
polilla tigre

fire salamander
salamandra común

poisonous
venenosos

golden frog
rana dorada

Cuban solenodon
almiquí de Cuba

black mamba
mamba negra

dangerous
peligrosa

venomous bite
mordedura venenosa

protection
protección

stings
pica

holds an anemone
se agarra a una anémona

boxer crab
cangrejo boxeador

using another animal
utilizar otro animal

starlings
estorninos

schools of fish
banco de peces

meerkat
suricatas

gathering in groups
reunirse en grupos

armadillo
armadillo

tortoise beetle
Cassidinae

Indian pangolin
pangolín indio

armour plates
placas de armadura

Carnivores and herbivores
Carnívoros y herbívoros

Carnivores eat other animals. Herbivores only eat plants. Omnivores have adapted to eat both meat and plants.

Los carnívoros comen otros animales. Los herbívoros solo comen plantas. Los omnívoros están adaptados para comer tanto carne como plantas.

binocular vision
visión binocular

tongue
lengua

incisors
incisivos

buzzard skull
cráneo de buitre

sharp
afiladas

claws
garras

talons
garras

canine
caninos

teeth
dientes

wolf skull
cráneo de lobo

rows of teeth
fila de dientes

ladybird
mariquita

slice
cortar

carnivores
carnívoros

Can you name any other carnivorous animals?
¿Sabes el nombre de otros animales carnívoros?

baleen
barbas

filter feeder
alimentación por filtración

distensible jaw
mandíbula distendible

bear
oso

52

flowering plants
plantas con flores

honey bee
abeja

predator
depredador

prey
presa

pollen
polen

pull with tongue
tirar con la lengua

radula
rádula

snail
caracol

rasp
raspar

elephant skull
cráneo de elefante

molars
molares

herbivores
herbívoros

grind
triturar

chew
masticar

What kind of diet do you have?
¿Qué tipo de dieta tienes tú?

omnivores
omnívoros

meat and plants
carne y plantas

suck
sorber

proboscis
probóscide

Animal diaries
Horarios de los animales

Discover what animals get up to at different times of the day and night.

Descubre qué hacen los animales en los diferentes momentos del día y de la noche.

tiger
tigre

sleep in the shade
duerme en la sombra

snooze
dormita

iguana
iguana

diurnal (active in the day)
diurna (activa de día)

feed on leaves and fruit
come hojas y frutos

protect territory
protege el territorio

bask to warm up
toma el sol para calentarse

barn owl
lechuza

hunt
caza

sleep
duerme

dawn
amanecer

crepuscular (active at dawn and dusk)
crepuscular (activa al amanecer y al anochecer)

morning
mañana

afternoon
tarde

54

nocturnal (active at night)
nocturno (activo de noche)

patrol territory
patrulla el territorio

hunt
caza

scent-marking
marca con su olor

escape from predators
escapa de los depredadores

find a spot to rest
busca un lugar para descansar

inactive because it is colder
inactiva porque hace frío

feed
come

dusk
anochecer

roost in trees or empty buildings
se refugia en árboles o en edificios deshabitados

evening
anochecer

night
noche

55

People and animals
Las personas y los animales

There are many careers that involve working with animals.

Hay muchas profesiones en las que se trabaja con animales.

zookeeper
cuidador
del zoológico

wildlife ranger
guarda forestal

zoologist
zoóloga

zoo
zoológico

horse trainer
entrenador
de caballos

research
investigar

marine biologist
bióloga
marina

study
estudiar

wildlife presenter
reportera
de naturaleza

camera person
operadora
de cámara

photographer
fotógrafa

naturalist
naturalista

entomologist
entomólogo

bacteria
bacteria

camera
cámara

Would you like to work with animals when you grow up?
¿Te gustaría trabajar con animales cuando seas mayor?

operate
operar

vaccinate
vacunar

jockey
jinete

groom
cuidadora

rescue
rescatar

rehabilitate
rehabilitar

veterinary nurse
enfermero veterinario

vet
veterinario

animal welfare officer
responsable de salud animal

dog groomer
peluquero canino

virus
virus

virologist
viróloga

dog trainer
entrenador canino

beekeeper
apicultor

feed
forraje

microbiologist
microbiólogo

honeycomb
panal

hive
colmena

farmer
granjero

Endangered or at risk
Amenazados o en peligro

**These animals are badly affected by human activities.
Unless people try to help, they could become extinct.**

Estos animales están muy afectados por la actividad humana.
Si no los ayudamos, podrían extinguirse.

poaching
caza furtiva

tusks, ivory
colmillos, marfil

Indian elephant
elefante indio

horn
cuerno

black rhinoceros
rinoceronte negro

teeth, fur, bones
dientes, piel, huesos

tiger
tigre

illegal pet trade
tráfico ilegal de mascotas

Bali myna
estornino de Bali

**climate change
and global warming**
cambio climático y
calentamiento global

sea temperature rising
aumento de la temperatura
del océano

elkhorn coral
coral cuerno de alce

bush fires
incendios

koala
koala

melting ice
deshielo

polar bear
oso polar

invasive species
especies invasoras

population decline
descenso de la población

**disease brought
by grey squirrels**
enfermedades traídas
por las ardillas grises

European red squirrel
ardilla roja europea

disease
enfermedad

African wild dog
licaón del Cabo

overhunting and overfishing
exceso de caza y sobrepesca

loss of food
pérdida de alimento

Adélie penguin
pingüino de Adelia

Atlantic bluefin tuna
atún rojo del Atlántico

green sea turtle
tortuga verde

habitat loss
pérdida del hábitat

more buildings for humans
más edificios para los humanos

less habitat for wildlife
menos hábitats para la fauna

Lange's metalmark butterfly
mariposa de Lange

urban sprawl
expansión urbana

Florida panther
pantera de Florida

loggerhead sea turtle
tortuga boba

deforestation
deforestación

cutting down trees
tala de árboles

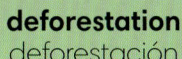

orangutan
orangután

Canadian caribou
caribú canadiense

mountain gorilla
gorila de montaña

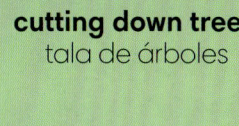

gulf sturgeon
esturión

fewer bodies of water
menos masas de agua

insecticides
insecticidas

chemicals can kill animals or make them sick
las sustancias químicas pueden matar o enfermar a los animales

San Joaquin kit fox
zorrita del desierto

Crotch's bumblebee
abejorro de Crotch

59

Extinct species
Especies extintas

Some animals are unable to adapt as their environment changes, and they become extinct. This means the species has no living members.

Algunos animales son incapaces de adaptarse a los cambios de su entorno y se extinguen. Esto significa que ya no quedan miembros vivos de su especie.

sea scorpions
escorpiones marinos

Spinosaurus
Spinosaurus

giant wombat
wómbat gigante

sabre-toothed tiger
tigre dientes de sable

Humans often cause the environmental changes that lead to animal extinction.
El ser humano suele causar los cambios ambientales que llevan a la extinción de los animales.

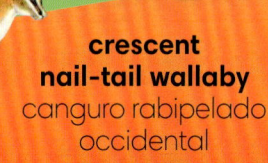
dodo
dodo

auroch
Bos primigenius

Tasmanian tiger
tigre de Tasmania

crescent nail-tail wallaby
canguro rabipelado occidental

Rocky Mountain locust
langosta de las montañas Rocosas

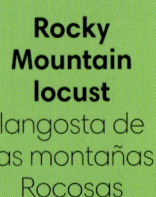

passenger pigeon
paloma migratoria

Xerces blue butterfly
Xerces azul

pig-footed bandicoot
bandicut de pies de cerdo

Polynesian tree snail
Partula nodosa

New Zealand grayling
Prototroctes oxyrhynchus

Brachiosaurus
Brachiosaurus

Pteranodon
Pteranodon

Iguanodon
Iguanodon

Ankylosaurus
Ankylosaurus

Allosaurus
Allosaurus

Dinosaurs may have become extinct when a meteorite collided with the Earth.
Los dinosaurios podrían haberse extinguido cuando un meteorito chocó contra la Tierra.

woolly mammoth
mamut lanudo

eastern elk
uapití

great auk
alca gigante

Steller's sea cow
vaca marina de Steller

Caribbean monk seal
foca monje del Caribe

Pyrenean ibex
bucardo

West African black rhinoceros
rinoceronte negro occidental

Mythical creatures
Criaturas míticas

Some animals exist only in stories. Every culture has its own stories and its own mythical beasts.

Algunos animales solo existen en los cuentos. Todas las culturas tienen sus historias y sus propios animales míticos.

faun
fauno

fairy
hada

Hydra
hidra

Pegasus
pegaso

werewolf
hombre lobo

Sasquatch (Bigfoot)
Pie Grande

Kun-Peng
Kun-Peng

centaur
centauro

leprechaun
leprechaun

Cerberus
Cerbero

dragon
dragón

Jiuwei Hu
Huli jing

Zouwu
Zouyu

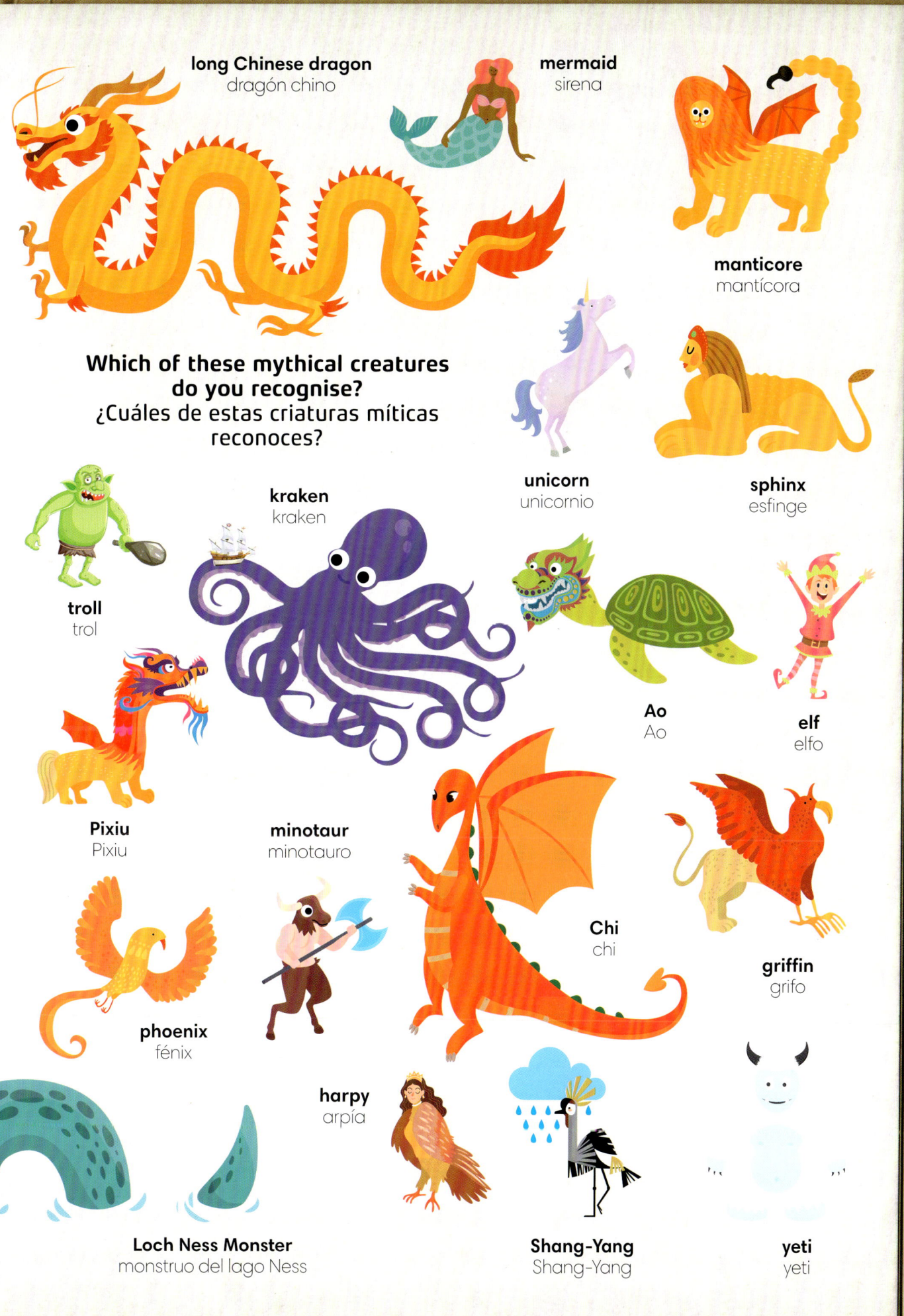

long Chinese dragon
dragón chino

mermaid
sirena

manticore
mantícora

Which of these mythical creatures do you recognise?
¿Cuáles de estas criaturas míticas reconoces?

unicorn
unicornio

sphinx
esfinge

kraken
kraken

troll
trol

Ao
Ao

elf
elfo

Pixiu
Pixiu

minotaur
minotauro

Chi
chi

griffin
grifo

phoenix
fénix

harpy
arpía

Loch Ness Monster
monstruo del lago Ness

Shang-Yang
Shang-Yang

yeti
yeti

Agradecimientos

DK quiere agradecer a Sif Nørskov y Sophie Parkes su asistencia editorial, y a Polly Goodman la revisión del texto.

Los editores agradecen a los siguientes su permiso para reproducir sus fotografías:
(Clave: a: arriba; b: bajo/debajo; c: centro; e: extremo; i: izquierda; d: derecha; s: superior)

123RF.com: Andrzej Tokarski / ajt 64bd, Anan Kaewkhammul / anankkml 28ca, Benjamin King / benjaminjk 51ca, bonzami emmanuelle 20c, Corey A Ford 61sc, Duncan Noakes / fouroaks 17ca, Eric Isselee 7cb, 50ci, 50cib, Eric Isselee / isselee 1bi, 28cd, 29cda, 58cb, Anan Kaewkhammul 28ci, max5128 16cda, Ben McRae 41cia (textura), nrey 2sd, Andrei Samkov / satirus 52c, smileus 44bi, swavo 6cda (lupa), 11ci (lupa), 32cia (lupa), Thawat Tanhai 38cib (martín pescador), Nicholas Toh 37bi, Pavlo Vakhrushev / vapi 9cb, 64cdb, Oleg Znamenskiy zov666@gmail.com 41ca; **Alamy Stock Photo:** AGAMI Photo Agency / Andy & Gill Swash 40bc, Linda Freshwaters Arndt 34cia, Art Collection 3 60cdb (ualabí), Avalon.red / Anthony Bannister 11cd, Avalon.red / Stephen Dalton 35sc, Biosphoto / Adam Fletcher 39cia, Biosphoto / Sergio Hanquet 51cib, Biosphoto / Sylvain Cordier 42ca (nido), blickwinkel / AGAMI / J. Eaton 36cia, blickwinkel / F. Hecker 42c, 45bc, blickwinkel / F. Teigler 11bc, blickwinkel / H. Bellmann / F. Hecker 45bd, blickwinkel / Lundqvist 40cib, Buiten-Beeld / Jelger Herder 14cib, Nigel Cattlin 11ca, cbstockfoto 43cb, Clarence Holmes Wildlife 47cib, Corbin17 38bi, Rick Dalton - Wildlife 59ca, Design Pics Inc / Alaska Stock RM / Thomas Kline 47ci, Digital Arts Pro 48cd, Reinhard Dirscherl 37c, 39bc, David Fleetham 20cdb (pez globo), 51cd, Florilegius 60cdb (bandicut), FLPA 26cb (cazador de alces noruego), 47sd, 61cdb, Bill Gozansky 40bi, Frank Hecker 21cib, Louise Heusinkveld 54bc (dormir), Imagebroker / Arco / G. Lacz 29cdb, imageBROKER / Dirk Funhoff 15ca, imageBROKER / Gerry Pearce 17c, 33c, imageBROKER / Michaela Walch 43sd, imageBROKER / R. Dirscherl 36bi, Juniors Bildarchiv GmbH / Arndt, S.E. / juniors@wildlife 55bc, Ivan Kuzmin 10bi, mike lane 19bd, M@rcel 43bd, Francisco Martínez-Clavel Martínez 10c, Chris Mattison 41cb, mauritius images GmbH / BY 25c, mauritius images GmbH / Solvin Zankl 46bc, McPhoto / Rolf Mueller 17sd, Mic Clark Photography 55cda, Minden Pictures / Norbert Wu 20bi, 47ca (suño cornudo), Natural History Museum, Londres 60cib, 61cb, Nature Photographers Ltd / Paul R. Sterry 8cib (gamba), 20bd, 32cib, 43bc (polilla), 47sc, Nature Picture Library 31ci, 50bi, Nature Picture Library / Bence Mate 32cdb, Nature Picture Library / Chris Mattison 15cda, Nature Picture Library / Eric Medard 42cia, Nature Picture Library / MYN / Joris van Alphen 15c, Nature Picture Library / MYN / Lily Kumpe 10cd, Nature Picture Library / MYN / Marc Pihet 43ecib, Nature Picture Library / Nick Upton 42bc, Andrey Nekrasov 16bd, NOAA 37ci, Matteo Omied 59sd, Panoramic Images 49bc, Papilio / Robert Pickett 47cdb (mariposa búho), PhotoStock-Israel / Alon Meir 44ci, Picture Partners 47ca, Adisha Pramod 37cd, 37cib, Gillian Pullinger 42bc (madriguera), Lee Rentz 14ci, Remo Savisaar 42bi, SBS Eclectic Images 18bi, Robert Scholl 22bi, steeve-x-art 60bi, Marko Steffensen 37cdb, Stefan Sutka 28bi, Tom K. Photo 58ci, Dave Watts 18ca, WhiskeyWolf 61bd, WILDLIFE GmbH 21cdb, Ray Wilson 12ca (albatros); **Ardea:** Danita Delimont / Kevin Schafer 48bd, M. Watson 45cia; **J. Buys:** 47bi; **Depositphotos Inc:** DedMorozz 54ca, Nataly-Nete 35ca (hierba), sophyphotos 6bc; **Dorling Kindersley:** Jerry Young 8cib, 64si, Gary Ombler / Cotswold Wildlife Park 17cia, Neil Fletcher 43ecdb, Terry Goss 21bi, Brian Gratwicke 32cib (anguila), Jon Hughes 61cia, Barnabas Kindersley 49ebi, Liberty's Owl, Raptor and Reptile Centre, Hampshire, Reino Unido 40ca, Richard Ling 9si, Prof. Marcio Motta 28cia, Colin Keates / Natural History Museum, Londres 40sc, 46bd, 49bi, Frank Greenaway / Natural History Museum, Londres 8c, 51sd, 54bc, Gary Ombler / Natural History Museum 29bi, Karl Shone / Natural History Museum, Londres 23ci, Peter Chadwick / Natural History Museum, Londres 52cda, Linda Pitkin 41sd, Gary Ombler / Royal Botanic Gardens, Kew 64bd (hojas), Harry Taylor The Natural History Museum, Londres 6bi, Dave King / Whipsnade Zoo, Bedfordshire 17sd (oso), Wildlife Heritage Foundation, Kent, Reino Unido 29cib, Jerry Young 2bi, 10cib, 17bc, 38ca, 39bd; **Dreamstime.com:** 3drenderings 8cib (cochinilla de la humedad), Adchariya 43ebi, Anastasiya Aheyeva 42cb (nutria), Alfotokunst 17cdb, Alle 57cb, 57bc, Alptraum 15bi, Alslutsky 56bc, Carlos Álvarez 27cib, Alxhar 48cia, Amwu 1ci, 25si, 35cdb, Anders93 47cdb, John Anderson 58cib, Andylid 24cib, Amy Harris / Anharris 53d, Anitasstudio 53ci, Rafael Ben Ari 36cdb, Andrey Armyagov 7bd, Atalvi 31cia, Bouke Atema 13cdb, Auris 36-37, Natalia Bachkova 35cib, Jason W. Baker 10cdb, Belizar 51cb (armadillo), Ben 38cb, John Biglin 42bd, Lukas Blazek 29ca, Blueringmedia 35c (rama), 63cia, Anna Bocharova 25sc, Linda Bucklin 1bd, 16b, 60cdb, Mariusz Bugno 12cia, Neil Burton 35sc (liebre), Steve Byland 7sc, 12bd, 13bc, Martin Capek / Cappan 32cdb (descarga eléctrica), Carolinemaryan 24cda, Vladimir Cech 18cia, Chernetskaya 25bd (bandeja), Chuotnhatdesigner 34-35b, Conchasdiver 36ebi, Rudmer Zwerver / Creativenature1 14bc, Brett Critchley 48cb, 49c, Cynoclub 11cda, Damedeeso 35bd, Olga Demchishina 33bi, Nikolay Denisov 36sd, Dikkyoesin 39sd, Dave Massey / Dmass 53ca, Dndavis 39ca, Dennis Donohue 12cda, Dragoneye 13cia, 38ecda, Dwiputra18 39cb, Ian Dyball 33si, Ecophoto 19cd, Dirk Ercken 15cib, 25ci, Evcrow 35b, Farinoza 24cdb, 36cib, 39cb (rana), 49ca (púas), Melinda Fawver 39cib (polilla), Feathercollector 41cda, Ricardo De Paula Ferreira 43sc (hornero común), Iakov Filimonov 26cda, 40bd, Fireflamenco 2ebi, 63cd, Svetlana Foote 32cd, 58c, Corey A Ford 60c, FotoJagodka 26cib, Martin Fredskov 42cb, Robert Fullerton 40cia, Gallinagomedia 12cdb, Svetlana Gladkova 54ci, Godruma 42sbd, Steve Gould 6cdb, Igor Groshev 42cd, Pascal Halder 33d, David Havel 39bc (anémona), 41bd, Hellmann1 56i (corteza), Nynke Van Holten 29cd, Brett Hondow 35ci, Hsagencia 35bc (gusano), Boonchuay Iamsumang 34cd, Icefront 13cib, Idreamphotos 45si, Imagine98 49cdb (bigotes), Inarik 34c, Irisbraunphotography 44cdb, Eric Isselee 27ca (collie), Isselee 1ca, 8cd, 11cb, 12cd, 13ca, 13ci, 13c, 13cb (herrerillo), 13bi, 13bd, 14bd, 17cdb (koala), 18ca (tití), 19sc, 20cda, 20cdb (pez payaso), 22c, 23sd, 23b, 24bi, 24bc, 25sc (gecko), 25cd, 26bi, 27sc, 27sd, 27cda, 27cb, 27bc, 29sc, 29cia, 30cb, 31sd, 31cd, 31cib, 34ci, 34bc, 35si, 39cda, 39cib, 40sd, 40cb, 42cda (oso), 42cib, 42bi (conejo), 42ebi, 44cb (cervatillo), 45sc, 45ca, 45cib (x2), 45cb, 45bi, 49ca, 49cb (reno), 49cb (mosca), 54-55ca, 55cib, 56ci, 58bd, Maria Itina 19ci, Iakov Filimonov / Jackf 59c, JaCrispy 24cia, Jacsdreamjam 46bi, Jagodka 27bd, James Group Studios, Inc. 25bi (jaula), Jeff Jarrett 43cib, Jessamine 1cdb, Jezbennett 19sc (lémur), Jianghongyan 9sc, Jocrebbin 52b, Johannes Gerhardus Swanepoel / Johan63 41sc, Johannesk 35cdb (arena), 38cdb, Angela Jones 35cb, Josefpittner 40cia (zorro), Juliengrondin 54bd, 55cb (roble), Acharaporn Kamornboonyarush 10bc, Karelgallas 52-53bc, John Kasawa 34-35cb, Kateleigh 30cdb, Elena Kazanskaya 25bi (campana), Alexia Khruscheva 49sd, Khunaspix 31cdb, Liliia Khuzhakhmetova 16ca, Miroslaw Kijewski 40cib (mantis), Aleksei Kondraiuk 34bi, Natalia Korotaeva 32bd, Vasily Kovalev 25ecd, Irina Kozhemyakina 10cb (x2), 17ci, Anna Kravchuk 34cib (escolopácido), Tomas Krist 34cda, Matthijs Kuijpers 24sd, 39si, 51c, Olga Kurbatova 57b, Alexey Kuznetsov 26ca, Erik Lam 27ca, 27bi, Lebedinski 26cb, Liumangtiger 13cib (guacamayo), Luayana 40bd (textura), Thomas Lukassek 43c (lapa), Lunamarina 18ci, 20cb, Tono Balaguer / Lunamarina 59cib, Anton Lunkov 50cia, Yurii Lysiak 23cd, Macrovector 62sd, 62ca, 62c, 62cd, 62bi, 63 (x6), 63cb, 63cb (minotauro), Cosmin Manci 10ci, Marcouliana 10ca, Marish 63cib, Marquise132 47cd, Martinlisner 20cdb, Sutisa Kangvansap / Mathisa 53cb, Vaclav Matous 16cdb, Aliaksandr Mazurkevich 19bi, Mikelane45 12c, 13cd, 18cb, 42ci, 42bd (topillo), 51cb, Ekaterina Mikhailova 61sd, Mirek1967 43cda, Mirkorosenau 38cda, Mouse Family Mouse Family 25bd, Natalya Aksenova / Natalyaa 31cb (pato), Pavel Naumov 53bc, Sivakorn Nayanetra 31bi, Neirfy 30cib, 31bd, Yin Jian Ng 35bc, Nivanova250788 62ci (Pie Grande), Duncan Noakes 16cd, Nostradamus252 34bd, Rungroj Nuiman 43bd (hormiga x 2), Nyker 16c, Nylakatara2013 42ca, Veronika Oliinyk 1cib, Olga Itina / Olikit 35sd, Onyxprj 63cd (elfo), Eline Oostingh 18bc, Ornitolog 12ca, Oskanov 43sc, Oxilixo 31bc, Paleka 50c, Kevin Panizza / Kpanizza 9bi, Juan Bautista Ruiz Páramo 43ca, Parfentevamaya 21cia, Dmytro Parkheta 43ci, Gueret Pascale 59cdb, Prosun Paul 11si, Maksim Pauliukevich 34cia (polvo), 35ca (polvo), Kostya Pazyuk 25c (conejo), Peerapong Peattayakul 24ca, Martin Pelanek 43cd, Azahara Pérez 61cib, Stefan Hermans / Perrush 49cia, Photoclarity 25bi, Photoeuphoria 41cd, Pimmimemom 47cib (monarca), Peter Leahy / Pipehorse 59cda, Elena Podolnaya 42cdb, Stu Porter 12bi, Alexander Potapov 31cb, Grobler Du Preez 43si, Ondřej Prosický 19ca, 38cia, 40cda, 59si, Pytyczech 1sc, 56bd, Rogerio Queiroz 43sc (nido), Alexander Raths 20cd, Mohd Zaidi Abdul Razak 39sc, Ian Redding 47si, Rhallam 30cda, Francesco Ricciardi 6bd, 39c, Dan Rieck 59cb, Rikke68 3cb, 34sd, Rinus Baak / Rinusbaak 32ca, 38ca (guacamayo), Eurico Rodrigues 39bi, Craig Russell 43cdb, Kaewmanee Saekang 7cib, Samum 49ecia, Sarah2 8cdb, Seaonweb 38bd, Anna Sedneva / Sedneva 53b, Inha Semiankova 24ca (estanque), Yury Shirokov 31bc (gato), Pavel Shlykov 27cib (Russell), Andrei Shupilo 8cia, 8ci, Slowmotiongli 7cdb, 13cb, 19si, 35ca, 47cb, 51si, 55cia, Simone Gatterwe / Smgirly 30bi, Smileus 22bd, Michael G. Smith 6cia, Olya Solodenko 24cda (cama), David Steele 43esi, Andreas Steidlinger 43bi, Studio 37 / Dreamstock 38cd, Stu Porter / Stuporter 29si, Kedsirin Suthamsakul 51cdb, Tartilastock 34cib (árboles), Taviphoto 12bc (pato), Thawats 34sd (monarca), 34cda (revoloteo), Charoenchai Tothaisong 55ci, Trinhhuytho 35bi, Troichenko 11c, Sergey Uryadnikov 17cd, 19bc, Vac 17bd, Veleknez 31c, Venturebeyond 47sc (calamar), Verastuchelova 24bd, 49ci, Gale Verhague 10bd, Vasiliy Vishnevskiy 49cia (ratón), Viter8 30bd, Vaclav Vitovec 10cia, Vladvitek 12bc, 21sc, 39ci, Yehor Vlasenko 2bd, 62-63bc, Tomislav Vucic 43c, Wafuefotodesign 49cb, Wahyudinfirman 52bc, Gary Webber 40sd (textura), Welcomia 59bc, Ashley Whitworth 7cda, Buddee Wiangngorn 9cia, 9bi (arena), 37b, Apisit Wilaijit 41cib, Wildlife World 13cb (gorrión), Jan Martin Will 59ci, William Wise 50cb, Marcin Wojciechowski 1cb, Wollertz 34cib, Jinfeng Zhang 11cia, Katerina Zmachynska 63cia (barco), Rudmer Zwerver 15cdb, 17sc, 34cib (martín pescador), 53cia; **Fotolia:** anankkml 55ca, giuliano2022 6ci, Eric Isselee 44bd, Sergey Khachatryan 49bd, Andrey Eremin / mbongo 47si (olas), xstockerx 64sd, Stefan Zeitz / Lux 12ci; **Getty Images:** Collection Mix: Subjects / Michael Nolan 37sd, Brandon Tabiolo / Design Pics 6cb, Sylke Rohrlach / EyeEm 37cb (dragón azul), imageBROKER / Reinhold Schrank 43bc, Moment / Stan Tekiela Author / Naturalist / Wildlife Photographer 36cda, Moment / Tambako the Jaguar 48ca, Stone / Michael Duva 35cd, Westend61 21bd; **Getty Images / iStock:** 2630ben 17si, alkir 22cda, Andyworks 28bc, Antagain 1si, 31cdb (abejas), Aunt_Spray 60sd, Kristian Baensch 44cia, BionicPanda 63bd, Boyshots 44bi (wómbat), Vicky_Chauhan 51bd, CoreyFord 44ca, defun 22cb, dennisvdw 19sd, sserg_dibrova 36-37bc, DigitalVision Vectors / exxorian 62bd, E+ / 4FR 53sd, E+ / Kativ 47bd, E+ / KenCanning 16cia, 44cib, E+ / Raycat 56cdb, E+ / vusta 23cdb, Entwicklungsknecht 35c, feedough 52cia, Liliya Filakhtova 10ci (escarabajo), Flexire 39cdb, FrankRamspott 50ca, girlfrommars 62cb, GlobalP 31si, 31ca, 41cia, Grisha459 55cd, Taisiia Iaremchuk 63si, Kaphoto 30cd, KeithSzafranski 44sd, Piotr Krzeslak 30bc, Lanaclipart 62cia, leonello 61cda, lillybell 44bc, Lidiia Lykova 44cb, micro_photo 57ci, mtruchon 30ca, Hachio Nora 62ci, Placebo365 43cia, proxyminder 56i, reptiles4all 22cb (tortuga), Chelsea Sampson 38cib, Victoria Shapkina 63bc, Sieboldianus 55cb, 55cdb, Christophe Sirabella 20cib, stanley45 22cia, studiocasper 48cib, SurfUpVector 62cdb, Tazzy1 29bc, undefined 18cdb, vendys 35ecdb; **naturepl.com:** Philip Dalton 37cia, Georgette Douwma 36bc, 37bd, Tim Laman 37ca, Thomas Marent 28cda, 36c, Alex Mustard 36bd (lapa), 37bc, MYN / Brett Lewis 15cb, Piotr Naskrecki 37si, Nature Production 37cda, Gary Bell / Oceanwide 32bc, Pete Oxford 36bd, Morley Read 15bd, Andy Sands 32sd, David Shale 36bc (esponja), 37cb, Nick Upton 42c (guarida), Doug Wechsler 14ca, Rod Williams 28cib, Solvin Zankl 32bi; **Science Photo Library:** Mauricio Anton 60cia, Nicholas Bergkessel, Jr. 35cia, British Antarctic Survey 36cb, Robert Chase 61cb (foca), Dennis Kunkel Microscopy 6cda, K Jayaram 37ca (rana), Andrew J. Martinez 50bd, Cordelia Molloy 29bd, Nicholas Smythe 36ca, Roman Uchytel 60ci, 61ci; **Shutterstock.com:** Kurit afshen 55c, Dray van Beeck 39cd, Billion Photos 24cb, Jude Black 10sd, BRO.vector 63bc (harpía), Cingular 6cd, Jesús Cobaleda 39bi (pez loro), 50-51ca, delcarmat 62bc, Dirk Ercken 1cda, Erni 16ci, Gerald Robert Fischer 49cdb, Gallinago_media 48c, Anton Kozyrev 10cda, MongPro 48cda, Mr. Photomato 42cda, NickEvansKZN 23si, panpilai paipa 24cia (pez), RealityImages 41cdb, Porco_Rosso 59bd, Sarah2 11ci, sonelle.vdm 43sc (tejedor), I. Wayan Sumatika 60bd, Pavaphon Supanantananont 38bd (lipropoma), vkilikov 20ci, Wirestock Creators 11bi, Michiel de Wit 14cd, chonlasub woravichan 38bc, xpixel 25sd, Milan Zygmunt 54c; **SuperStock:** Biosphoto / Gregory Guida 46cb, Science Photo Library 6c; **Didier Descouens, Musée de Toulouse:** 46cd

Imágenes de la cubierta: *Cubierta frontal:* **123RF.com:** Thawat Tanhai (martín pescador), Pavlo Vakhrushev / vapi (medusa); **Dorling Kindersley:** Peter Chadwick / Natural History Museum, Londres (cráneo), Gary Ombler / Royal Botanic Gardens, Kew (hojas); **Dreamstime.com:** Isselee (pradera), Jianghongyan (almeja), Nyker (llama), Olga Itina / Olikit (caballo), Palex66 (insecto), Kevin Panizza / Kpanizza (esponja), Pytyczech (morfo azul), Rinus Baak / Rinusbaak (murciélago), Sarah2 (garrapata), Yobro10 (elefante), Rudmer Zwerver (ratón); **Fotolia:** xstockerx (cerdo); *Cubierta frontal y contracubierta*: **123RF.com:** Eric Isselee / isselee (koala); **Dorling Kindersley:** Jerry Young (grama), (tetras), (araña); **Dreamstime.com:** Veronika Oliinyk (pisadas), Korn Vitthayanukarun (textura), Linda Bucklin (ballenas), Farinoza (gálago), Irisangel (pluma), Isselee (pez payaso), (cacatúa), Johannesk (ídolo moro), Dirk Ercken / kikkerdirk (rana x 2), Irina Kozhemyakina (didélfido), Brian Kushner (águila), Alexander Potapov (pato), Rikke68 (zopilote), Studio 37 / Dreamstock (pez rojo), Marcin Wojciechowski (reno); **Fotolia:** Stefan Zeitz / Lux (frailecillo); **Getty Images / iStock:** anankkml (puma), Antagain (loro), chris2766 (hiena), GlobalP (ajolote), (zorro), Kaphoto (hormiga); **Shutterstock.com:** Dirk Ercken (rana); *Contracubierta:* **123RF.com:** Eric Isselee / isselee (koala); **Dorling Kindersley:** Frank Greenaway / Natural History Museum, Londres (polilla), Robert Royse (sauce); **Dreamstime.com:** Annaav (fénec), Ben (pavo real), Brad Calkins / Bradcalkins (caracol), Linda Bucklin (ballena), Farinoza (gálago), Irisangel (pluma), Isselee (araña), (pez payaso), (cacatúa), (tortuga), Rinus Baak / Rinusbaak (guacamayo); *Lomo*: **Dreamstime.com:** Johannesk (ídolo moro); **Shutterstock.com:** Dirk Ercken (rana)